Τα χρήματά σας έχουν σημασία

μια ολιστική προσέγγιση για την επίτευξη οικονομικής ελευθερίας και ευημερίας

Dan Desmarques

22 Lions

Τα χρήματά σας έχουν σημασία: μια ολιστική προσέγγιση για την επίτευξη οικονομικής ελευθερίας και ευημερίας

Γράφτηκε από τον Dan Desmarques

Ευρετήριο

Εισαγωγή

Τα χρήματά σας έχουν σημασία: μια ολιστική προσέγγιση για την επίτευξη οικονομικής ελευθερίας και ευημερίας σας προσκαλεί σε ένα βαθύ ταξίδι αυτογνωσίας και μεταμόρφωσης, όπου τα πεδία του πλούτου και της πνευματικότητας συγκλίνουν για να φωτίσουν ένα μονοπάτι προς την ολιστική ευημερία. Σε αυτή τη διαφωτιστική εξερεύνηση, θα ξετυλίξετε το περίπλοκο μωσαϊκό των πεποιθήσεων, των συναισθημάτων και των συμπεριφορών που διαμορφώνουν τη σχέση σας με τα χρήματα και την επιτυχία.

Μέσα από τον φακό της ηθικής διαχείρισης του πλούτου και της καλλιέργειας μιας νοοτροπίας αφθονίας, το βιβλίο αυτό διερευνά τις θεμελιώδεις αρχές της ευθυγράμμισης των οικονομικών στόχων με τις προσωπικές αξίες και της καλλιέργειας μιας βαθιάς αίσθησης σκοπού και ακεραιότητας στις οικονομικές σας προσπάθειες. Ανακαλύψτε τη μεταμορφωτική δύναμη της κυριαρχίας των συναισθημάτων σας σχετικά με τα χρήματα, καθώς ξεκινάτε ένα ταξίδι αυτοαναστοχασμού και ενδυνάμωσης για να επαναπρογραμματίσετε τις πεποιθήσεις και τις στάσεις σας απέναντι στον πλούτο.

Αντλώντας από τη σοφία της συμπεριφορικής οικονομίας και τις πνευματικές διδασκαλίες, ο οδηγός αυτός προσφέρει πρακτικές στρατηγικές και ιδέες για να περιηγηθείτε στις πολυπλοκότητες της λήψης οικονομικών αποφάσεων με σαφήνεια και ενσυνειδητότητα. Μάθετε να υπερβαίνετε τις περιοριστικές πεποιθήσεις, να υιοθετείτε μια νοοτροπία πλούτου και να κάνετε συνειδητές επιλογές που οδηγούν σε μακροπρόθεσμη ευημερία και ολοκλήρωση.

Από τη σημασία της υπέρβασης των προσδοκιών και της επίτευξης αριστείας σε όλες τις προσπάθειες μέχρι τις μεταμορφωτικές δυνατότητες της ευθυγράμμισης των προσωπικών αξιών με τους οικονομικούς στόχους, το βιβλίο αυτό παρέχει έναν οδικό χάρτη για τη δημιουργία μιας αρμονικής σχέσης με το χρήμα και την αφθονία. Υιοθετήστε μια ολιστική προσέγγιση της οικονομικής ευημερίας, στην οποία η ακεραιότητα, η συμπόνια και ο σκοπός συγκλίνουν για να σας οδηγήσουν προς μια ζωή ευημερίας και πνευματικής ανάπτυξης.

Ξεκινήστε ένα ταξίδι αυτογνωσίας, ενδυνάμωσης και μεταμόρφωσης καθώς ξεκλειδώνετε τα μυστικά του πλούτου και της πνευματικότητας. Αφήστε αυτόν τον ολοκληρωμένο οδηγό να γίνει ο σύντροφός σας καθώς περιηγείστε στον περίπλοκο χορό μεταξύ χρήματος και νοήματος, οδηγώντας σας σε μια πιο ικανοποιητική και ευημερούσα ύπαρξη.

Κεφάλαιο 1: Ο συμβολικός χορός του χρήματος

Μέσα στην ανθρώπινη εμπειρία, το χρήμα έχει μια ισχυρή συμβολική σημασία ως αναπαράσταση της αξίας, του πλούτου και της ευημερίας. Καθώς οι άνθρωποι περιηγούνται στην πολυπλοκότητα του να κερδίζουν, να ξοδεύουν και να διαχειρίζονται χρήματα, εμπλέκονται άθελά τους σε έναν βαθύτερο συμβολικό χορό που αντανακλά τις πεποιθήσεις, τις αξίες και τις στάσεις τους απέναντι στην αφθονία. Στον πυρήνα του, το χρήμα συμβολίζει πολύ περισσότερα από ένα νόμισμα ή ένα μέσο ανταλλαγής. Το χρήμα ενσαρκώνει μια απτή έκφραση της αξίας, της επιτυχίας και της ικανότητας να στηρίζει κανείς τον εαυτό του και τους άλλους. Το κυνήγι του χρήματος είναι συχνά συνυφασμένο με την αναζήτηση της αυτοεκτίμησης και της επικύρωσης σε μια κοινωνία όπου η οικονομική ολοκλήρωση συχνά ταυτίζεται με την προσωπική ολοκλήρωση.

Σε όλη τη διάρκεια της ιστορίας και σε όλους τους πολιτισμούς, το χρήμα έχει τιμηθεί ως ισχυρό σύμβολο δύναμης, θέσης και επιρροής. Η συσσώρευση πλούτου θεωρείται όχι μόνο ως μέσο ικανοποίησης των υλικών επιθυμιών, αλλά και ως μέσο για την απόκτηση κοινωνικής αναγνώρισης και την εδραίωση της θέσης του ατόμου στην κοινωνική ιεραρχία. Τα χρήματα παρέχουν μια αίσθηση ασφάλειας και σταθερότητας, επιτρέποντας στους ανθρώπους να ελέγχουν το περιβάλλον τους και να διαμορφώνουν το πεπρωμένο τους. Όμως η συμβολική φύση του χρήματος υπερβαίνει τις υλικές του προεκτάσεις. Το χρήμα χρησιμεύει ως καθρέφτης που αντανακλά τη στάση του ατόμου απέναντι στην αφθονία, τη σπανιότητα και τη ροή των πόρων στη ζωή του.

Οι άνθρωποι που βλέπουν τα χρήματα μέσα από τον φακό της έλλειψης τείνουν να συσσωρεύουν, να φοβούνται την απώλεια και να αντιστέκονται στις δαπάνες, οδηγούμενοι από έναν βαθύ φόβο της έλλειψης. Από την άλλη πλευρά, όσοι υιοθετούν τη νοοτροπία της αφθονίας βλέπουν τα χρήματα ως ροή ενέργειας που κυκλοφορεί ελεύθερα για να δημιουργήσει ευκαιρίες για ανάπτυξη, συνεισφορά και ολοκλήρωση.

Ο συμβολισμός του χρήματος επεκτείνεται επίσης στις έννοιες της αξίας, της αξίας και της αυτοεκτίμησης. Πολλοί άνθρωποι συνδέουν την αίσθηση της αυτοεκτίμησής τους με την οικονομική επιτυχία, πιστεύοντας ότι η καθαρή τους αξία ορίζει την πραγματική τους αξία ως άτομο. Αυτή η σύγχυση ανάμεσα στον πλούτο και την αξία μπορεί να οδηγήσει σε έναν αέναο κύκλο προσπάθειας, επίτευξης και ποτέ δεν νιώθουν πραγματικά ικανοποιημένοι, καθώς οι εξωτερικοί δείκτες επιτυχίας αποτυγχάνουν να γεμίσουν το κενό που υπάρχει μέσα τους. Επιπλέον, τα χρήματα χρησιμεύουν ως συμβολική γλώσσα μέσω της οποίας οι άνθρωποι εκφράζουν τις βαθύτερες αξίες, προτεραιότητες και προσδοκίες τους.

Ο τρόπος με τον οποίο οι άνθρωποι κερδίζουν, ξοδεύουν και επενδύουν τα χρήματά τους αντανακλά τις υποκείμενες πεποιθήσεις τους σχετικά με το τι έχει μεγαλύτερη σημασία στη ζωή - είτε πρόκειται για ασφάλεια, ευχαρίστηση, θέση, συνεισφορά ή προσωπική ανάπτυξη. Εξετάζοντας τις οικονομικές τους συνήθειες και επιλογές, αποκτούμε εικόνα των βασικών τους αξιών και των αφηγήσεων που καθοδηγούν τις ενέργειές τους. Μπορούμε ακόμη να αξιολογήσουμε τα κίνητρα και το επίπεδο ντετερμινισμού ενός ατόμου αξιολογώντας τη στάση του απέναντι στα χρήματα. Ομοίως, μπορούμε να προβλέψουμε με ακρίβεια τη μελλοντική τους επιτυχία, απλώς και μόνο επειδή ζούμε σε έναν κόσμο όπου η επιτυχία και τα χρήματα είναι αλληλένδετα.

Στο μεγάλο μωσαϊκό της ζωής, το χρήμα εμφανίζεται ως ένα πολύπλευρο σύμβολο που πλέκει τα νήματα της δύναμης, της ασφάλειας, της αξίας και της αυτοέκφρασης. Η αποκωδικοποίηση της συμβολικής του γλώσσας σημαίνει την αποκάλυψη βαθιών γνώσεων για τη σχέση ενός ατόμου με την αφθονία, την επιτυχία και τις άπειρες δυνατότητες που βρίσκονται πέρα από το οικονομικό πεδίο.

Η πνευματική πορεία ενός ατόμου καθορίζεται από τη σχέση του με το χρήμα. Επομένως, υιοθετώντας μια ολιστική κατανόηση του χρήματος ως σύμβολο, μπορούμε να υπερβούμε τους υλικούς περιορισμούς του και να αξιοποιήσουμε τη μεταμορφωτική του δύναμη για να δημιουργήσουμε μια ζωή αφθονίας και βαθιάς σημασίας.

Κεφάλαιο 2: Το αλχημικό ταξίδι του χρήματος

Κατά τη διάρκεια της ιστορίας, το χρήμα έχει υποστεί μια συναρπαστική μεταμόρφωση, εξελισσόμενο από μια συμβολική αναπαράσταση της αξίας σε ένα πρακτικό μέσο ανταλλαγής.

Στην αρχαιότητα, η έννοια του χρήματος ήταν βαθιά συνυφασμένη με τον συμβολισμό της εξουσίας, του πλούτου και του ελέγχου. Αρχικά, το χρήμα εκλαμβανόταν ως μια μορφή ενέργειας απαραίτητη για την απόκτηση μιας καλύτερης ζωής, την αύξηση της άνεσης και την εξασφάλιση βασικών αναγκών, όπως η ιατρική περίθαλψη- σε παλαιότερες εποχές, το χρήμα συμβολιζόταν με αίμα, αντιπροσωπεύοντας τη βίαιη απόκτηση πόρων με βίαια μέσα. Ήταν μια εποχή που η συσσώρευση πλούτου συνήθως συνεπαγόταν πράξεις επιθετικότητας και κυριαρχίας, με παράδειγμα τους Βίκινγκς και άλλους πολιτισμούς που ήταν γνωστοί για τις κατακτήσεις τους και τον πλούτο που αποκτούσαν με βάρβαρες πράξεις.

Καθώς οι κοινωνίες εξελίσσονταν, το χρήμα συμβόλιζε τη γη, σηματοδοτώντας την ιδιοκτησία γης και την εμφάνιση φυλετικών σχέσεων, οργανώσεων και τραπεζικών συστημάτων. Η εποχή αυτή σηματοδότησε την έναρξη της χρήσης της γεωργίας ως μέσου συσσώρευσης πλούτου και δημιουργίας κοινωνικών δομών που βασίζονται στην ιδιοκτησία γης και τη γεωργική παραγωγικότητα.

Στη συνέχεια, με την έλευση του Μεσαίωνα, το χρήμα συνδέθηκε με μέταλλα όπως ο χρυσός και ο άργυρος. Κατά τη διάρκεια αυτής της περιόδου, το χρήμα έγινε αντιληπτό ως πολύτιμο μέταλλο, εδραιώνοντας περαιτέρω τον ρόλο του ως εξέχον σύμβολο πλούτου και ευημερίας σε διάφορους πολιτισμούς.

Με την πάροδο του χρόνου, η εξέλιξη του χρήματος ακολούθησε ένα κυκλικό μοτίβο που αντανακλά τα στοιχεία - νερό, γη και μέταλλο. Ωστόσο, ο αλχημικός χάρτης υποδηλώνει την απουσία των στοιχείων φωτιά και ξύλο, υποδηλώνοντας την επικείμενη εξέλιξη του οικονομικού συστήματος. Η τρέχουσα εποχή, που αντιπροσωπεύεται από το ξύλο, σηματοδοτεί μια πιθανή στροφή προς ένα οικονομικό σύστημα που καταρρέει λόγω της υπερβολικής εξάρτησης από το χαρτονόμισμα που προέρχεται από το ξύλο.

Κοιτάζοντας προς το μέλλον, η αφήγηση του χρήματος θα εισέλθει σε νέα φάση με την εμφάνιση ψηφιακών νομισμάτων, όπως το bitcoin, και την πιθανή ενσωμάτωση των μικροτσίπ RFID ως μορφή συναλλαγών. Αυτός ο μετασχηματισμός υπογραμμίζει την ανάγκη προσαρμογής στα διαρκώς μεταβαλλόμενα οικονομικά σενάρια και την κατανόηση της εγγενούς συμβολικής αξίας του χρήματος πέρα από την υλική του αναπαράσταση: στην ουσία, η ιστορική εξέλιξη του χρήματος αποκαλύπτει το βαθύ νόημά του ως συμβολική γλώσσα που αντανακλά τις κοινωνικές αξίες, τη δυναμική της εξουσίας και τα οικονομικά παραδείγματα.

Εξερευνώντας τη συμβολική διαδρομή του χρήματος, από το αίμα στα μέταλλα και πέραν αυτού, αποκτούμε πολύτιμες γνώσεις για τη δαιδαλώδη σχέση μεταξύ πλούτου, συμβολισμού και της εξελισσόμενης φύσης των χρηματοπιστωτικών συστημάτων. Η έννοια του χρήματος ως ενέργεια εμβαθύνει στη βαθιά συνειδητοποίηση ότι το χρήμα υπερβαίνει την υλική του μορφή και χρησιμεύει ως ζωτική δύναμη που διαμορφώνει τη ζωή μας. Πέρα από την απτή λειτουργία του, το χρήμα ενσωματώνει μια συμβολική αναπαράσταση του πλούτου, της αξίας και της ευημερίας.

Η κατανόηση του χρήματος ως ενέργειας σημαίνει την αναγνώριση της ικανότητάς του να επηρεάζει διάφορες πτυχές της ύπαρξής μας, από την υλική μας ευημερία μέχρι τη συναισθηματική και πνευματική μας σφαίρα. Καθώς το χρήμα ενσωματώνει μια μορφή ενέργειας που διαπερνά όλες τις πτυχές της ανθρώπινης ζωής, η σχέση μεταξύ χρήματος και υγείας τονίζει τη διασύνδεση της οικονομικής και της γενικής ευημερίας.

Η υιοθέτηση μιας νοοτροπίας αφθονίας και η κατανόηση της ενεργειακής ροής του χρήματος μπορεί να οδηγήσει σε μεγαλύτερες ευκαιρίες για ανάπτυξη, επιτυχία και ολοκλήρωση. Η θεώρηση του χρήματος ως ενέργειας καλεί τους ανθρώπους να εξερευνήσουν μια βαθύτερη σχέση με τους οικονομικούς τους πόρους και τη συμβολική δύναμη που κατέχουν. Ευθυγραμμίζοντας τις πεποιθήσεις, τις στάσεις και τις ενέργειές μας με την ενεργειακή ουσία του χρήματος, μπορούμε να αξιοποιήσουμε το μετασχηματιστικό δυναμικό του για να δημιουργήσουμε αφθονία, ευημερία και μια ισορροπημένη ζωή με ρίζες στο σκοπό και το νόημα.

Κεφάλαιο 3: Η απατηλή φύση του χρήματος

Η κατανόηση των πνευματικών νόμων του χρήματος οδηγεί σε μια περίπλοκη σχέση μεταξύ πνευματικότητας και οικονομικής αφθονίας που υπερβαίνει τις συμβατικές έννοιες του πλούτου. Η έννοια του χρήματος ως μορφή ενέργειας συνυφασμένη με πνευματικές αρχές διαμορφώνει τις ατομικές στάσεις, πεποιθήσεις και πράξεις προς την απόκτηση πλούτου και ευημερίας.

Μία από τις θεμελιώδεις πτυχές που φωτίζονται από τους πνευματικούς νόμους του χρήματος είναι η σύνδεση μεταξύ της εσωτερικής αξίας ενός ατόμου και των εξωτερικών εκδηλώσεων του πλούτου. Το χρήμα θεωρείται ως αντανάκλαση της ψυχικής αξίας ενός ατόμου, τονίζοντας τη σημασία της ευθυγράμμισης των πράξεων και των προθέσεων του ατόμου με ανώτερες πνευματικές αρχές προκειμένου να προσελκύσει την αφθονία. Αυξάνοντας τη συνείδηση και διευρύνοντας την πνευματική αντίληψη, μπορούμε να αξιοποιήσουμε τη ροή της ευημερίας και να δημιουργήσουμε μια αρμονική ισορροπία μεταξύ του υλικού πλούτου και της πνευματικής ανάπτυξης.

Η πνευματική φύση του χρήματος τονίζει τη σημασία της προσθήκης αξίας στους άλλους ως μονοπάτι προς την οικονομική αφθονία. Ο νόμος της αμοιβαιότητας παίζει καθοριστικό ρόλο στη δημιουργία πλούτου, τονίζοντας τη σημασία της επιστροφής στην κοινωνία, της υποστήριξης φιλανθρωπικών σκοπών και της συμβολής στην ευημερία των άλλων. Κατανοώντας ότι ο πλούτος είναι υποπροϊόν της προσφοράς αξίας και του θετικού αντίκτυπου στον κόσμο, μπορούμε να αξιοποιήσουμε τη ροή της αφθονίας σύμφωνα με τις συμπαντικές αρχές.

Επιπλέον, οι πνευματικοί νόμοι του χρήματος τονίζουν τον ρόλο της πρόθεσης, της ευγνωμοσύνης και της νοοτροπίας στην προσέλκυση της ευημερίας. Καλλιεργώντας μια νοοτροπία αφθονίας και ευγνωμοσύνης, θέτοντας ταυτόχρονα σαφείς προθέσεις για οικονομικούς στόχους, μας επιτρέπει να εκδηλώνουμε αφθονία και ευκαιρίες στη ζωή μας. Ευθυγραμμίζοντας τις σκέψεις, τα συναισθήματα και τις πράξεις με τις θετικές δονήσεις της αφθονίας, μπορούμε να μαγνητίσουμε τον πλούτο και να απελευθερώσουμε τη ροή της ευημερίας σύμφωνα με τους πνευματικούς νόμους.

Οι πνευματικοί νόμοι του χρήματος ρίχνουν επίσης φως στη σχέση μεταξύ της προσωπικής ανάπτυξης και της οικονομικής επιτυχίας. Ο εσωτερικός μετασχηματισμός, η αυτογνωσία και η πνευματική εξέλιξη αποτελούν αναπόσπαστα συστατικά της εκδήλωσης του πλούτου, δίνοντας έμφαση στο ταξίδι της αυτογνωσίας και της αυτοκυριαρχίας ως απαραίτητα στοιχεία για την προσέλκυση της οικονομικής αφθονίας. Δίνοντας προτεραιότητα στην προσωπική ανάπτυξη, διευρύνοντας τη συνείδηση και ενσωματώνοντας τις πνευματικές πρακτικές στην καθημερινή ζωή, οι άνθρωποι μπορούν να αναβαθμίσουν την οικονομική τους πραγματικότητα και να καλλιεργήσουν μια ολιστική προσέγγιση στη δημιουργία πλούτου.

Στην ουσία, οι πνευματικοί νόμοι του χρήματος χρησιμεύουν ως κατευθυντήριες αρχές που φωτίζουν την ιερή σύνδεση μεταξύ πνευματικότητας και πλούτου. Ενσωματώνοντας τις αρχές της γενναιοδωρίας, της ακεραιότητας και της ευθυγράμμισης με την ανώτερη συνείδηση, μπορούμε να υπερβούμε τους υλικούς περιορισμούς και να εισέλθουμε σε μια σφαίρα απεριόριστων δυνατοτήτων και αφθονίας.

Η αρμονική ενσωμάτωση των πνευματικών αξιών με τις οικονομικές επιδιώξεις όχι μόνο εμπλουτίζει την υλική ζωή ενός ατόμου, αλλά και θρέφει την ψυχή, προωθώντας μια βαθύτερη αίσθηση σκοπού, ολοκλήρωσης και ευημερίας σε ευθυγράμμιση με τη συμπαντική ροή της αφθονίας.

Το χρήμα είναι ουσιαστικά ένα κατασκεύασμα που βασίζεται στην εμπιστοσύνη, την ασφάλεια και την κοινωνική συμφωνία. Η αξία που αποδίδεται στο χρήμα δεν είναι εγγενής, αλλά μάλλον προϊόν συλλογικών πεποιθήσεων, οικονομικών συστημάτων και κοινωνικών κατασκευών. Ωστόσο, η κατανόηση της απατηλής φύσης του χρήματος απαιτεί μια κριτική εξέταση της συμβολικής του σημασίας και του ρόλου που διαδραματίζει το χρήμα στη διαμόρφωση των ανθρώπινων εμπειριών και αλληλεπιδράσεων.

Ο αντίκτυπος της ψευδαίσθησης του χρήματος υπερβαίνει το πεδίο του υλικού πλούτου και επεκτείνεται σε πολύπλοκες δυναμικές εξουσίας, κατάστασης και αυτοεκτίμησης. Η κοινωνία συχνά εξισώνει την οικονομική επιτυχία με την προσωπική αξία, οδηγώντας τα άτομα να συνδέουν την αυτοεκτίμηση και την ταυτότητά τους με τα χρηματικά τους περιουσιακά στοιχεία. Η ψευδαίσθηση του χρήματος διαιωνίζει έναν κύκλο υλιστικών επιθυμιών, δημιουργώντας μια συνεχή αναζήτηση του πλούτου ως μέτρο ευτυχίας και ολοκλήρωσης, και διασταυρώνεται με βαθύτερες πνευματικές και φιλοσοφικές διαστάσεις που αντανακλούν τη διασύνδεση του υλικού και του άυλου βασιλείου.

Αν και το χρήμα διευκολύνει τις οικονομικές συναλλαγές και την απόκτηση υλικών, η απατηλή φύση του προκαλεί τους ανθρώπους να αμφισβητήσουν την πραγματική πηγή της αφθονίας και της ολοκλήρωσης.

Η απελευθέρωση από την ψευδαίσθηση του χρήματος περιλαμβάνει ένα ταξίδι αυτογνωσίας, ενδοσκόπησης και επανεκτίμησης των θεμελιωδών πεποιθήσεων για τον πλούτο και την επιτυχία, με την ψευδαίσθηση του χρήματος να χρησιμεύει ως πύλη για βαθύτερες φιλοσοφικές έρευνες σχετικά με τη φύση του πλούτου, της αξίας και της ανθρώπινης αντίληψης.

Ξεπερνώντας την υλική επιφάνεια του χρήματος και εξερευνώντας τη συμβολική του ουσία, οι άνθρωποι μπορούν να ανακαλύψουν βαθιές αλήθειες για τη διασύνδεση της αφθονίας, της πνευματικότητας και της προσωπικής ανάπτυξης. Η υιοθέτηση μιας ολιστικής θεώρησης του χρήματος που αναγνωρίζει την απατηλή φύση του μπορεί να οδηγήσει σε μια αλλαγή νοοτροπίας που προάγει μια βαθύτερη αίσθηση ολοκλήρωσης, σκοπού και ανθεκτικότητας απέναντι στις υλικές ψευδαισθήσεις.

Κεφάλαιο 4: Η ισορροπία μεταξύ πνευματικής ανάπτυξης και οικονομικής υπηρεσίας

Η σοφία που αποκτάται από την αιώνια σύνδεση μεταξύ πνευματικότητας και πλούτου προσφέρει βαθιές γνώσεις για την ανθρώπινη εμπειρία. Στην ουσία, η σχέση μεταξύ πνευματικότητας και πλούτου είναι σχέση συμβίωσης και όχι σύγκρουσης.

Η αφήγηση που αντιπαραθέτει την πνευματική ολοκλήρωση με τον υλικό πλούτο υπεραπλουστεύει τη δυναμική αλληλεπίδραση μεταξύ αυτών των δυνάμεων. Αντίθετα, μια διαφοροποιημένη προοπτική αποκαλύπτει ότι μπορούν να αλληλοσυμπληρώνονται και να εμπλουτίζουν η μία την άλλη, όταν προσεγγίζονται με ενσυνειδητότητα και σοφία, και ότι η βάση αυτής της αρμονίας έγκειται στην αναγνώριση ότι ο πλούτος και η πνευματικότητα δεν είναι ξεχωριστές οντότητες, αλλά αλληλένδετα νήματα της ανθρώπινης εμπειρίας.

Το ταξίδι προς την οικονομική επιτυχία μπορεί να συνυπάρξει με την πνευματική ανάπτυξη, όταν καθοδηγείται από τις αρχές της ακεραιότητας, της συμπόνιας και του σκοπού. Η επίτευξη ισορροπίας μεταξύ των δύο προϋποθέτει την πλοήγηση στον εξωτερικό κόσμο του χρηματικού πλούτου, ενώ παράλληλα καλλιεργείται το εσωτερικό τοπίο της πνευματικής ευημερίας.

Κεντρικό ρόλο στην κατανόηση αυτή παίζει η αντίληψη ότι ο πλούτος δεν είναι εγγενώς αντίθετος με την πνευματικότητα. Αντίθετα, είναι η πρόθεση πίσω από τη συσσώρευση του πλούτου και ο τρόπος χρήσης του που καθορίζει την ευθυγράμμισή του με τις πνευματικές αξίες.

Τα χρήματα, όταν κερδίζονται και χρησιμοποιούνται συνειδητά, μπορούν να αποτελέσουν εργαλείο για θετικό μετασχηματισμό και υπηρεσία προς τους άλλους. Αλλά η εξισορρόπηση της πνευματικότητας και του πλούτου δεν είναι χωρίς προκλήσεις. Το δέλεαρ της οικονομικής επιτυχίας μπορεί μερικές φορές να αποπροσανατολίσει τους ανθρώπους από το σωστό μονοπάτι, κάνοντάς τους να δίνουν προτεραιότητα στο υλικό κέρδος έναντι της πνευματικής ανάπτυξης.

Από την άλλη πλευρά, η αποκλειστική εστίαση στις πνευματικές αναζητήσεις χωρίς οικονομικές εκτιμήσεις μπορεί να θέσει σε κίνδυνο την ικανότητα ενός ατόμου να αντιμετωπίσει τις πρακτικές πτυχές της ζωής στον υλικό κόσμο.

Η επίτευξη ισορροπίας μεταξύ αυτών των τομέων απαιτεί συνειδητή προσπάθεια για την ενσωμάτωση των πνευματικών πρακτικών στην καθημερινή ζωή, ενώ παράλληλα προσεγγίζει την οικονομική ευθύνη από ηθική άποψη. Υιοθετώντας μια ολιστική προσέγγιση που τιμά τόσο την πνευματική όσο και την υλική διάσταση της ύπαρξης, τα άτομα μπορούν να καρπωθούν τα οφέλη της ευημερίας παραμένοντας προσγειωμένα στις πνευματικές αξίες.

Επιπλέον, τα διδάγματα που αντλούνται από τη διασταύρωση της πνευματικότητας και του πλούτου υπερβαίνουν τις απλές χρηματικές επιδιώξεις. Τονίζουν τη σημασία της ευθυγράμμισης των ενεργειών του ατόμου με ανώτερες αρχές και της προώθησης μιας στάσης αφθονίας που βασίζεται στην ακεραιότητα και τη συμπόνια. Ενσαρκώνοντας αυτή την αρμονική σχέση, οι άνθρωποι μπορούν να περιηγηθούν στις πολυπλοκότητες της ζωής με χάρη και σκοπό.

Η αλληλεπίδραση μεταξύ πνευματικότητας και πλούτου προσφέρει ένα μωσαϊκό μαθημάτων που φωτίζουν το μονοπάτι προς την ολιστική ευημερία. Μας προσκαλεί να υπερβούμε τη διχοτόμηση υλισμού και πνευματικότητας και να αγκαλιάσουμε έναν πιο ολοκληρωμένο και αυθεντικό τρόπο ζωής - έναν τρόπο που τιμά τόσο την ανάπτυξη της ψυχής όσο και την ευημερία του υλικού βασιλείου.

Στο πεδίο της οικονομικής ευημερίας και της προσωπικής ανάπτυξης, η τέχνη της διαχείρισης των χρημάτων αναδεικνύεται σε πυλώνα δύναμης και ανάπτυξης. Πρέπει να γνωρίζουμε πώς να χειριζόμαστε τα οικονομικά μας με σοφία και διορατικότητα για ολιστική πρόοδο. Αλλά στην καρδιά της αποτελεσματικής διαχείρισης των χρημάτων βρίσκεται η έννοια της δημιουργίας χρημάτων, όχι απλώς της απόκτησής τους. Δημιουργώντας αξία και κατανοώντας την εσωτερική αξία των ιδεών, μπορούμε να περιηγηθούμε στο οικονομικό τοπίο με μια νέα προοπτική.

Η ιδέα ότι η πώληση ιδεών είναι η ίδια η ουσία της τέχνης, όχι η ίδια η τέχνη, υπογραμμίζει την ιδέα ότι η αξία και η ζήτηση διασταυρώνονται για να διαμορφώσουν ευημερούσες επιχειρήσεις, και η αρχή του να περιβάλλετε τον εαυτό σας με εκείνους που εκτιμώνται και να συμμετέχετε σε επιχειρήσεις που θεωρούνται πολύτιμες υπογραμμίζει την ουσία της ευθυγράμμισης των προσωπικών αξιών με τις οικονομικές επιδιώξεις. Η έμφαση στη σημασία της ικανοποίησης των αναγκών αντί της επιβολής της βούλησης καταδεικνύει τις λεπτές αποχρώσεις της ικανοποίησης των αναγκών των καταναλωτών και της προώθησης της μακροπρόθεσμης επιτυχίας των επιχειρηματικών εγχειρημάτων.

Βασικά, χρειαζόμαστε άφθονη προσφορά, ποιότητα και προσοχή στις ανάγκες των πελατών για να προωθήσουμε την ικανοποίηση και να αυξήσουμε τη ζήτηση. Η ιδέα πίσω από την παροχή περισσότερης αξίας από ό,τι ζητείται αποτελεί παράδειγμα του ήθους της υπέρβασης των προσδοκιών και της παροχής αριστείας σε όλες τις προσπάθειες, είτε πρόκειται για τη συγγραφή βιβλίων είτε για τη διοίκηση μιας επιχείρησης.

Επιπλέον, η διερεύνηση της μεταμορφωτικής δύναμης της κατάκτησης των συναισθημάτων που σχετίζονται με τα χρήματα αποκαλύπτει μια αυτοθεραπευτική προσέγγιση για τον επαναπρογραμματισμό των πεποιθήσεων και των στάσεων σχετικά με τον πλούτο. Μέσα από ασκήσεις που προσωποποιούν το χρήμα ως φίλο και δείχνουν αγάπη και εκτίμηση για την οικονομική αφθονία, μπορούμε να μετατοπίσουμε τη νοοτροπία μας προς την ευημερία και τον πλούτο.

Κεφάλαιο 5: Η αλληλεπίδραση μεταξύ εμπιστοσύνης και π λούτου

Η περίπλοκη αλληλεπίδραση μεταξύ χρήματος και εμπιστοσύνης αποκαλύπτει μια θεμελιώδη σχέση που διαμορφώνει τις αντιλήψεις και τις αλληλεπιδράσεις μας με τον πλούτο. Το χρήμα, ως έννοια που αποτιμάται από την εμπιστοσύνη, είναι άρρηκτα συνδεδεμένο με την εμπιστοσύνη που δείχνουμε στην εκπροσώπηση και τη χρησιμότητά του. Η αντιλαμβανόμενη αξία του χρήματος συνδέεται στενά με τον βαθμό εμπιστοσύνης που έχουμε στη σταθερότητα και την αξιοπιστία του οικονομικού συστήματος που το υποστηρίζει.

Η αξία που αποδίδουμε στο χρήμα δεν βασίζεται αποκλειστικά στην υλική του μορφή, αλλά είναι βαθιά ριζωμένη στην εμπιστοσύνη που έχουμε στην ικανότητά του να λειτουργεί ως μέσο ανταλλαγής, αποθήκευσης αξίας και λογιστικής μονάδας. Αυτή η εμπιστοσύνη στο νόμισμα που χρησιμοποιούμε είναι απαραίτητη για την ομαλή λειτουργία των οικονομικών συναλλαγών και για τη γενική σταθερότητα των χρηματοπιστωτικών συστημάτων.

Η εμπιστοσύνη παίζει επίσης θεμελιώδη ρόλο στον καθορισμό της αντιλαμβανόμενης αξίας των αγαθών και υπηρεσιών που ανταλλάσσονται με χρήμα. Όταν η εμπιστοσύνη μεταξύ αγοραστών και πωλητών είναι υψηλή, η αντιλαμβανόμενη αξία των προϊόντων που ανταλλάσσονται είναι πιθανό να αυξηθεί, οδηγώντας σε ευνοϊκότερα αποτελέσματα και για τα δύο μέρη.

Από την άλλη πλευρά, η έλλειψη εμπιστοσύνης μπορεί να θέσει σε κίνδυνο την αντιλαμβανόμενη αξία των συναλλαγών, δημιουργώντας αβεβαιότητα και εμποδίζοντας τις οικονομικές αλληλεπιδράσεις. Όμως, η σχέση μεταξύ εμπιστοσύνης και πλούτου υπερβαίνει τις μεμονωμένες συναλλαγές και περιλαμβάνει ευρύτερες κοινωνικές και πολιτιστικές δυναμικές. Η κοινωνική αξία, καθώς και η αντιλαμβανόμενη αξία ενός ατόμου σε μια κοινότητα, συνδέεται στενά με το επίπεδο εμπιστοσύνης και σεβασμού που διαθέτει.

Η οικοδόμηση εμπιστοσύνης με τους άλλους αυξάνει την κοινωνική αξία ενός ατόμου και ανοίγει ευκαιρίες για συνεργασία, ανάπτυξη και ευημερία- και η εμπιστοσύνη χρησιμεύει ως βασικό συστατικό για τη δημιουργία και τη διατήρηση προσωπικών και επαγγελματικών σχέσεων που μπορούν να οδηγήσουν σε οικονομική επιτυχία.

Οι αλληλεπιδράσεις εμπιστοσύνης προάγουν την αίσθηση ασφάλειας και προβλεψιμότητας, επιτρέποντας στο άτομο να συμμετέχει σε οικονομικές προσπάθειες με αυτοπεποίθηση και αξιοπιστία. Επιπλέον, η εμπιστοσύνη στον εαυτό μας και στις ικανότητές μας παίζει κεντρικό ρόλο στην ενδυνάμωση και τη δημιουργία πλούτου. Η πίστη στην ικανότητα του ατόμου να επιτυγχάνει τους οικονομικούς του στόχους και να λαμβάνει ορθές αποφάσεις είναι απαραίτητη για την επιχειρηματική επιτυχία και τη συσσώρευση πλούτου.

Εν ολίγοις, η περίπλοκη σχέση μεταξύ χρήματος και εμπιστοσύνης υπογραμμίζει τη βαθιά επίδραση της εμπιστοσύνης και της αξιοπιστίας στην αντιλαμβανόμενη αξία του πλούτου και των οικονομικών αλληλεπιδράσεων. Η εμπιστοσύνη χρησιμεύει ως οδηγός στη διαμόρφωση των πεποιθήσεων, των συμπεριφορών και των σχέσεών μας με το χρήμα, επηρεάζοντας όχι μόνο τα ατομικά οικονομικά αποτελέσματα, αλλά και τις ευρύτερες κοινωνικές και πολιτισμικές αντιλήψεις για την αξία και τον πλούτο.

Ως αποτέλεσμα, στον σύγχρονο κόσμο μας, το χρήμα λειτουργεί ως καθρέφτης που αντανακλά τις κοινωνικές αξίες, τη δυναμική της εξουσίας και τα πρότυπα διανομής. Καθώς τα άτομα αποδίδουν αξία στο χρήμα σε προσωπικό και κοινοτικό επίπεδο, η έννοια του νομίσματος υπερβαίνει τη φυσική του μορφή και γίνεται σύμβολο εμπιστοσύνης, κοινωνικής αξίας και συναλλακτικής δύναμης. Αυτή η σύνδεση μεταξύ εμπιστοσύνης, αξίας και χρήματος αποτελεί τη βάση των οικονομικών συναλλαγών και των κοινωνικών ιεραρχιών, και μια πιο προσεκτική ματιά στον κοινωνικό αντίκτυπο του χρήματος αποκαλύπτει σκληρές πραγματικότητες σχετικά με τις διαφορές εξουσίας, την οικονομική ανισότητα και την κοινωνική διαστρωμάτωση.

Έτσι, η κατανομή του πλούτου σε μια κοινωνία αντανακλά όχι μόνο οικονομικές ανισότητες, αλλά και θεμελιώδεις ανισότητες στην πρόσβαση σε πόρους, ευκαιρίες και κοινωνική κινητικότητα. Η συσχέτιση μεταξύ πλούτου και προνομίων αναδεικνύει τις συστημικές αδικίες που διαιωνίζονται από την άνιση κατανομή του πλούτου, ενώ ο ρόλος του χρήματος στη διαμόρφωση των κοινωνικών δομών είναι εμφανής στους τομείς της απασχόλησης, της εκπαίδευσης και της ποιότητας ζωής. Οι άνθρωποι γενικά ανταλλάσσουν το χρόνο και την εργασία τους με χρηματική αποζημίωση, με επιπτώσεις στην ευημερία, την ολοκλήρωση και την κοινωνική θέση. Όμως, ο αντίκτυπος του χρήματος στην εκπαίδευση αναδεικνύει τις ανισότητες στην πρόσβαση σε ευκαιρίες μάθησης, διαιωνίζοντας κύκλους προνομίων ή μειονεκτημάτων.

Μια ουσιαστική πτυχή της μελέτης του χρήματος στην κοινωνία είναι η κατανόηση της σχέσης μεταξύ παραγωγικότητας, αποδοτικότητας και δημιουργίας αξίας. Τα κέρδη παραγωγικότητας που οδηγούνται από οικονομικά κίνητρα αναδεικνύουν την περίπλοκη ισορροπία μεταξύ της ατομικής προσπάθειας, της οικονομικής ανταμοιβής και της κοινωνικής προόδου. Η ευθυγράμμιση των ατομικών δεξιοτήτων, της ζήτησης της αγοράς και της οικονομικής αξίας αναδεικνύει τη διασύνδεση της δημιουργίας πλούτου σε ένα κοινωνικό πλαίσιο.

Η αποκάλυψη των κοινωνικών επιπτώσεων της διανομής του χρήματος αποκαλύπτει ότι ο πλούτος είναι κάτι περισσότερο από ένα οικονομικό περιουσιακό στοιχείο - ενσωματώνει κοινωνική δύναμη, επιρροή και ευκαιρίες. Οι έχοντες οικονομικά προνόμια συχνά ασκούν σημαντική επιρροή στις κοινωνικές δομές, διαμορφώνοντας πολιτικές, προτεραιότητες και κατανομές πόρων. Αυτή η συγκέντρωση πλούτου και εξουσίας αναδεικνύει την ανάγκη για δίκαιους μηχανισμούς διανομής και κοινωνικές πολιτικές που προωθούν την ένταξη και την οικονομική δικαιοσύνη.

Ωστόσο, εξετάζοντας κριτικά τον κοινωνικό αντίκτυπο του χρήματος και των προτύπων διανομής του, μπορούμε να προσπαθήσουμε για μια πιο δίκαιη, χωρίς αποκλεισμούς και υπεύθυνη οικονομική δομή που αναβαθμίζει τις κοινότητες, προωθεί την ενδυνάμωση και προωθεί τη βιώσιμη ευημερία για όλα τα μέλη της κοινωνίας.

Κεφάλαιο 6: Ο δρόμος προς τη βιώσιμη ευημερία

Μία από τις θεμελιώδεις αρχές που τονίζονται κατά τη διερεύνηση αποτελεσματικών επιχειρηματικών στρατηγικών είναι η ευθυγράμμιση του νου, της συνείδησης και της δράσης στο επιχειρηματικό ταξίδι. Είναι σημαντικό να αναγνωριστεί ότι μια ολιστική προσέγγιση που περιλαμβάνει πνευματικές, ψυχολογικές και νομισματικές πτυχές είναι απαραίτητη για τη διατήρηση της ισορροπίας και την προώθηση της μακροπρόθεσμης ευημερίας.

Η διασύνδεση αυτών των στοιχείων υπογραμμίζει τη σημασία της συνεχούς ανάπτυξης και εξέλιξης τόσο στον προσωπικό όσο και στον επιχειρηματικό τομέα, ενώ η έννοια της χρεοκοπίας χρησιμεύει ως υπενθύμιση των συνεπειών της ανισορροπίας και της αμέλειας στο επιχειρηματικό τοπίο. Η θεώρηση της πτώχευσης όχι μόνο ως οικονομικής αποτυχίας, αλλά ως ολιστικής κατάρρευσης που περιλαμβάνει πνευματικές, ψυχολογικές και νομισματικές πτυχές, οδηγεί σε μια ενδοσκόπηση των βαθύτερων επιπτώσεων του πλούτου και της επιτυχίας.

Κατανοώντας ότι το χρήμα έχει νόημα πέρα από την υλική του μορφή και ότι η στρατηγική ευθυγράμμιση με τον σκοπό και τις αξίες του ατόμου είναι απαραίτητη για τη βιώσιμη επιχειρηματική ανάπτυξη, οι επιτυχημένοι επιχειρηματίες συχνά ξεπερνούν τη γοητεία του άμεσου κέρδους και δίνουν προτεραιότητα στις μακροπρόθεσμες στρατηγικές έναντι των βραχυπρόθεσμων επιδιώξεων.

Μια προοδευτική προσέγγιση που επικεντρώνεται στη δημιουργία διαρκούς αξίας, στην καλλιέργεια σχέσεων με τους πελάτες και στην επένδυση σε καινοτόμες λύσεις διακρίνει τους καλύτερους επιχειρηματίες από τους υπόλοιπους. Η έμφαση στις στρατηγικές και όχι στα προϊόντα τονίζει την αξία του οραματικού σχεδιασμού και της προσαρμοστικότητας σε ένα ταχέως εξελισσόμενο επιχειρηματικό τοπίο. Αυτή η στάση απαιτεί να εμπιστευόμαστε τον εαυτό μας και τους άλλους, τόσο στον σχεδιασμό όσο και στην επικοινωνία.

Αυτή η εμπιστοσύνη εμφανίζεται στη ζωή μας μέσω του αυτοπροσδιορισμού και της πειθαρχίας μας, διότι δεν μπορούμε να εμπιστευτούμε τον εαυτό μας αν δεν μπορούμε να ελέγξουμε τα ένστικτά μας και αντίθετα αποδεχόμαστε την τεμπελιά. Η εμπιστοσύνη αυτή εκδηλώνεται όταν επικοινωνούμε με τους άλλους με την ικανότητα να απορρίπτουμε κάθε μορφή συζήτησης που ακυρώνει τις δυνατότητές μας να επιτύχουμε τα αποτελέσματά μας.

Στην πραγματικότητα, πριν μπορέσουμε να βρούμε ανθρώπους που θα μας κάνουν τις σωστές ερωτήσεις, πρέπει να απαλλαγούμε από τους ανθρώπους που επιμένουν να κάνουν τις πιο αρνητικές κρίσεις, ή τουλάχιστον να τους αφήσουμε έξω από τα σχέδιά μας. Αργότερα, όταν θα αναπτύξουμε το επιχειρηματικό μας σχέδιο, η εμπιστοσύνη θα εμφανιστεί στην επικοινωνία μας με τους καταναλωτές.

Οι καλλιτέχνες είναι γενικά φτωχοί, όχι τόσο λόγω του αναπόφευκτου της μοναδικότητάς τους, αλλά λόγω της έλλειψης ικανότητάς τους να επικοινωνούν αποτελεσματικά με τους άλλους. Κάποτε συνάντησα έναν συγγραφέα που παραπονιόταν ότι δεν ήταν σε θέση να βγάλει πολλά χρήματα και, κατά τη διάρκεια της συζήτησης, παραδέχτηκε επίσης ότι ήταν πολύ αγενής με τους οπαδούς του. Και το ερώτημα είναι: πώς μπορείς να περιμένεις από τους ανθρώπους που ανταγωνίζεσαι να σε αγαπήσουν γι' αυτό που κάνεις;

Πολλοί συγγραφείς ξεχνούν ότι όταν εκπέμπεις μια εικόνα αλαζονείας στους ανθρώπους που τους αρέσει το έργο σου, το έργο αυτό χάνει αξία και ενδιαφέρον, και το ίδιο ισχύει και για οτιδήποτε άλλο. Ήμουν επιτυχημένος ως δάσκαλος και ως διαδικτυακός έμπορος λιανικής πώλησης επειδή τόσο οι μαθητές μου όσο και οι διαδικτυακοί αγοραστές ήξεραν ότι μπορούσαν να με εμπιστεύονται ότι θα απαντούσα στα μηνύματα και τις ερωτήσεις τους και ότι θα έκανα ακριβώς αυτό που έλεγα ότι θα έκανα. Ήξεραν επίσης ότι δεν μπορούσαν να περιμένουν το ίδιο από τους άλλους. Η διαφορά ήταν προφανής, όπως και η ραγδαία δημοτικότητά μου ως ιδιοκτήτρια επιχείρησης και δασκάλα.

Η εμπιστοσύνη, θεμελιώδες στοιχείο των οικονομικών συναλλαγών, στηρίζει την αντιληπτή αξία ενός προϊόντος και της μάρκας που κρύβεται πίσω από αυτό, ή ακόμη και ενός προσώπου και των υπηρεσιών του, και επηρεάζει τη συμπεριφορά των καταναλωτών. Η κατανόηση της συμβιωτικής σχέσης μεταξύ της εμπιστοσύνης και της κατανομής του πλούτου ρίχνει φως στη διασύνδεση των κοινωνικών δομών, των οικονομικών ανισοτήτων και της δυναμικής της εξουσίας στην κοινωνία. Οι δυναμικές αυτές, ωστόσο, συχνά επηρεάζονται από τη ζήλεια.

Για παράδειγμα, δεν είχα απάντηση για τους συναδέλφους μου που ρωτούσαν γιατί ορισμένα πανεπιστήμια μου ζητούσαν να διδάξω μαθήματα για τα οποία εκείνοι είχαν τα προσόντα και εγώ όχι, επειδή περίμεναν να έχουν επιπλέον εισόδημα με βάση τις ικανότητές τους, ενώ αντίθετα οι άνθρωποι με επέλεγαν με βάση την εμπιστοσύνη που είχαν στη δουλειά μου, και αυτό γιατί οι ικανότητες και τα αποτελέσματα δεν σχετίζονται απαραίτητα.

Ένα άτομο μπορεί να έχει τις δεξιότητες και τις γνώσεις που οδήγησαν στην απόκτησή τους και να είναι ανίκανο να παράγει αποτελέσματα, ενώ ένα άλλο άτομο μπορεί να έχει αποκτήσει τις δεξιότητες και τις γνώσεις μόνο του και να παράγει αποτελεσματικά αποτελέσματα.

Ένα πανεπιστημιακό πτυχίο από μόνο του δεν εγγυάται αποτελέσματα. Στην πραγματικότητα, οι περισσότερες από τις δουλειές που είχα στη ζωή μου δεν είχαν να κάνουν με αυτά που έμαθα μέσω άλλων ανθρώπων, αλλά με αυτά που έμαθα μόνος μου. Οι άνθρωποι είχαν εμπιστοσύνη στα αποτελέσματά μου, επειδή έβλεπαν ότι οι άλλοι δεν είχαν αποτελέσματα, παρά τα προσόντα τους.

Ένα από τα πιο συνηθισμένα πράγματα που βλέπω στους ανθρώπους είναι ότι είναι εγωιστές, τόσο στη δουλειά τους όσο και στις υπηρεσίες που παρέχουν και στις επιχειρήσεις που θέλουν να αναπτύξουν, και αυτό είναι η αιτία της αποτυχίας τους. Τους λείπει η κοινωνική αξία, η πνευματική επίγνωση και η ικανότητα να βλέπουν την πολυδιάστατη φύση των επιχειρηματικών εγχειρημάτων. Δεν μπορούν να υπερβούν την ανάγκη για άμεσο κέρδος και να αγκαλιάσουν τη μακροπρόθεσμη βιωσιμότητα. Ως αποτέλεσμα, αντιμετωπίζουν προκλήσεις που δεν μπορούν να ξεπεράσουν, αποτυγχάνουν να αυξήσουν την παραγωγικότητα και την κερδοφορία και καταλήγουν να αναβάλλουν τα πιο επείγοντα καθήκοντά τους.

Πολλοί από αυτούς αποτυγχάνουν επίσης να υπερβούν τα συμβατικά επιχειρηματικά παραδείγματα ή να αμφισβητήσουν τις παραδοσιακές έννοιες της επιτυχίας και της ευημερίας, οπότε σχεδόν πάντα προσπαθούν να επιτύχουν σε πεπατημένα μονοπάτια που δεν προσθέτουν μεγάλη αξία. Τους λείπει η διάκριση και η συναισθηματική νοημοσύνη για να αξιολογήσουν τις αποφάσεις τους και το θάρρος να τολμήσουν το άγνωστο.

Αν είχαν περισσότερη πίστη στον εαυτό τους και ήταν σε θέση να ευθυγραμμιστούν με ευρύτερες κοινωνικές αξίες, να καλλιεργήσουν σχέσεις με τους πελάτες και να αντιμετωπίσουν βασικές οργανωτικές ελλείψεις, θα μπορούσαν ευκολότερα να περιηγηθούν στην πολυπλοκότητα του σύγχρονου επιχειρηματικού τοπίου και να χαράξουν μια πορεία προς τη διαρκή ευημερία, τη στρατηγική ανθεκτικότητα και τον κοινωνικό αντίκτυπο.

Κεφάλαιο 7: Μετατροπή της φτώχειας σε π λούτο

Η εξέταση των ηθικών επιπτώσεων των οικονομικών ζητημάτων φωτίζει τις ηθικές πολυπλοκότητες που ενυπάρχουν στην αναζήτηση και τη διαχείριση του χρήματος. Στο επίκεντρο του ηθικού προβληματισμού βρίσκεται η αναγνώριση ότι οι ασυνείδητες πεποιθήσεις μας παίζουν σημαντικό ρόλο στη διαμόρφωση των στάσεων και της συμπεριφοράς μας απέναντι στο χρήμα.

Η συνειδητοποίηση ότι πάνω από το 80% των πράξεών μας απορρέουν από βαθιά ριζωμένες πεποιθήσεις υπογραμμίζει τη σημασία της ενδοσκόπησης και της συνειδητής αντίληψης κατά τη λήψη οικονομικών αποφάσεων.

Σημαίνει επίσης ότι αν δεν έχετε επίγνωση της καθημερινής σας ανάγκης να αναδιαμορφώνετε τις πεποιθήσεις σας, είναι πιο πιθανό να αποτύχετε σε οτιδήποτε απαιτεί αλλαγή στα μοτίβα σκέψης και αλλαγή παραδείγματος στην πραγματικότητά σας.

Με άλλα λόγια, πρέπει να πιστέψετε ότι μπορείτε να γίνετε πλούσιοι προτού μπορέσετε να γίνετε πραγματικά πλούσιοι, και αυτό απαιτεί να οραματιστείτε και να νιώσετε πλούσιοι προτού μπορέσετε να έχετε περισσότερο πλούτο. Πρέπει να αισθάνεστε πιο άνετα με τον πλούτο παρά με τη φτώχεια.

Παρόλο που αυτό μπορεί να ακούγεται απλό, αφού κανείς δεν θέλει να είναι φτωχός, η αλήθεια είναι ότι οι περισσότεροι άνθρωποι αισθάνονται άβολα με τον πλούτο, γι' αυτό και ξοδεύουν τα χρήματά τους το ίδιο γρήγορα με όσα κερδίζουν.

Η απόκτηση νοοτροπίας πλούτου απαιτεί να μάθετε να αποταμιεύετε τα χρήματά σας και να τα εκτιμάτε. Απαιτεί επίσης να συνδέσετε τα συναισθήματά σας με τον πλούτο, απολαμβάνοντας πράγματα που κάνουν οι πλούσιοι άνθρωποι, όπως τα ταξίδια, την καλή διατροφή και την απόκτηση μιας πιο θετικής στάσης ζωής.

Αυτό μπορεί να ακούγεται δύσκολο, ή σαν να χρειάζεστε χρήματα για να βγάλετε περισσότερα χρήματα, και ενώ εν μέρει είναι αλήθεια ότι όσο περισσότερα έχετε, τόσο περισσότερα μπορείτε να αποκτήσετε, υπάρχουν και άλλοι τρόποι για να εξασκήσετε το μυαλό σας με αυτές τις συστάσεις. Για παράδειγμα, μπορεί να μην γνωρίζετε διάσημους και πλούσιους ανθρώπους, αλλά μπορείτε να διαβάσετε αυτά που γράφουν, τα απομνημονεύματά τους και να υιοθετήσετε τις νοητικές τους συνήθειες. Οι 38 επιστολές του J.D. Rockefeller προς τον γιο του είναι ένα καλό παράδειγμα για αυτό, διότι ενώ μοιράστηκε πληροφορίες σχετικά με τον πλούτο και τις κοινωνικές αξίες, μπορείτε να έχετε πρόσβαση και να μάθετε από αυτές τις επιστολές σαν να ήσασταν ο γιος του πλουσιότερου ανθρώπου στον κόσμο.

Υπάρχουν πολλά άλλα παραδείγματα ανθρώπων που μοιράζονται τις σκέψεις και τις πεποιθήσεις τους σε βιβλία που μπορείτε να διαβάσετε. Όσο περισσότερο το κάνετε αυτό, τόσο περισσότερα θα μαθαίνετε από ανθρώπους που δεν έχετε συναντήσει ποτέ και οι οποίοι μπορεί να είναι ακόμη και νεκροί. Στο τέλος, θα μεταμορφωθείτε από τις πληροφορίες που θα λάβετε.

Όταν διάβαζα πολύ, οι άνθρωποι με έβλεπαν ως έναν παράξενο νέο, επειδή είχα διατυπώσει συμπεράσματα που δεν ανταποκρίνονταν στην πραγματικότητά μου. Ήμουν φτωχός, έμοιαζα φτωχός και δεν είχα ταξιδέψει ποτέ πουθενά στον κόσμο. Είχα όμως ήδη συσσωρεύσει πολλές γνώσεις και, παρόλο που αυτές οι γνώσεις έμοιαζαν να έρχονται σε αντίθεση με την πραγματικότητά μου, αργότερα θα συνέβαλαν στη δυνατότητά μου να την αλλάξω.

Χωρίς την αφθονία των βιβλίων που διάβασα για τον Νόμο της Έλξης, πιθανώς δεν θα είχα αλλάξει τον εγκέφαλό μου σε σημείο να δημιουργήσω έναν νέο κόσμο για τον εαυτό μου, κινούμενος μεταξύ παράλληλων πραγματικοτήτων, και αντ' αυτού θα εξακολουθούσα να παλεύω να επιβιώσω, περνώντας ακριβώς τις ίδιες προκλήσεις. Αλλά οι περισσότεροι άνθρωποι είναι τόσο κολλημένοι στους ίδιους αγώνες που μαθαίνουν να τους αποκαλούν φυσιολογικούς και στη συνέχεια τους αποδέχονται, πεθαίνοντας ακριβώς όπως ζούσαν πάντα, μέσα στην απόλυτη δυστυχία και τον πόνο.

Οτιδήποτε άλλο από την πραγματικότητα που γνωρίζουν είναι αδύνατο, ένα ψέμα, και γι' αυτό οι ίδιοι άνθρωποι με κατηγορούν ότι είμαι έμπορος ναρκωτικών ή ότι κάνω οτιδήποτε άλλο παράνομο.

Επειδή είναι πολύ ηλίθιοι για να αλλάξουν, έχουν ανάγκη να βλέπουν όσους αλλάζουν όχι ως σοφότερους, αλλά ως εγκληματίες.

Στην πραγματικότητα, έτσι αντιλαμβάνονται οι ηλίθιοι την πραγματικότητα, ως έναν κόσμο στον οποίο πρέπει να κάνεις κάτι παράνομο για να τον αλλάξεις, επειδή οι ίδιοι είναι ανίκανοι να αλλάξουν κάτι. Και τι δυστυχία είναι αυτή όταν αποδέχεσαι ότι είσαι αυτός που είσαι και όχι προϊόν της δικής σου δημιουργίας. Έτσι, το πιο οδυνηρό κάρμα που μπορείτε να δώσετε στους εχθρούς σας είναι να μην τους πολεμήσετε και να μην τους δώσετε καμία πληροφορία.

Έμαθα την έννοια του να γυρίζεις και το άλλο μάγουλο, όπως συνέστησε ο Γιεσούα στις Γραφές, όταν είδα, επί πολλές δεκαετίες, ότι οι άνθρωποι αρνούνται να αλλάξουν και αντίθετα προσπαθούν να σε σταματήσουν όταν θέλεις να αλλάξεις, και σε προσβάλλουν και σε δυσφημούν όταν αλλάζεις. Έτσι, το χειρότερο πράγμα που μπορείτε να κάνετε γι' αυτούς δεν είναι να τους μισήσετε, αλλά να τους αφήσετε στην άγνοιά τους, επειδή αυτή η άγνοια διαιωνίζει την πραγματικότητά τους.

Σήμερα, όταν μου μιλούν οι ίδιοι άνθρωποι, είναι σαν να έχω γυρίσει πίσω στο χρόνο, επειδή το πρόσωπο στο οποίο μιλούν δεν υπάρχει πλέον, αλλά δεν το γνωρίζουν αυτό, εξακολουθούν να είναι κολλημένοι στην ίδια πραγματικότητα στην οποία τίποτα δεν έχει αλλάξει. Δεν μπορούν να αντιληφθούν τις αλλαγές μου, διότι αυτό θα σήμαινε να αντιληφθούν τη στασιμότητα στον εαυτό τους και, ως εκ τούτου, ο πραγματικός μου εαυτός είναι αόρατος γι' αυτούς. Με κάνουν να αισθάνομαι σαν φάντασμα επειδή δεν μιλούν πραγματικά σε μένα, αλλά στη φανταστική εκδοχή τους για το ποιος είμαι.

Δεν είναι επίσης δύσκολο να απολαύσεις τα πράγματα που κάνουν οι πλούσιοι άνθρωποι όταν συνειδητοποιείς ότι μερικά από τα φτωχότερα μέρη του κόσμου είναι επίσης μερικά από τα πιο επισκέψιμα από τουρίστες. Απλά κοιτάξτε γύρω σας και συνειδητοποιήστε την αξία των πραγμάτων που δεν εκτιμάτε. Αυτή η νοοτροπία της εκτίμησης θα σας οδηγήσει στη νοοτροπία του πλούτου που προσπαθείτε να δημιουργήσετε.

Για παράδειγμα, όταν ήμουν φτωχός, συνήθιζα να επισκέπτομαι τις πλουσιότερες περιοχές της πόλης μου και να παρατηρώ τους δρόμους, τα σπίτια και να νιώθω τα συναισθήματα στον αέρα που τροφοδοτούνταν από την ενέργεια των κατοίκων. Δεν έκρινα τον τρόπο με τον οποίο με κοιτούσαν, αλλά εστίαζα στα πράγματα που ήταν δωρεάν, όπως μια βόλτα στην παραλία, ή φθηνά, όπως ένας εσπρέσο σε μια καφετέρια όπου με υποδέχονταν με χαμόγελο.

Αυτές οι εμπειρίες με βοήθησαν να μετατοπίσω την προσοχή μου από τη φτώχεια στον πλούτο, έτσι ώστε ακόμα και όταν ζούσα σε διαμερίσματα όπου ντρεπόμουν να καλέσω φίλους, μπορούσα να βιώνω μια πλούσια νοοτροπία κατά τη διάρκεια της ημέρας απλά και μόνο με το να βρίσκομαι σε περιοχές όπου μπορούσα να νιώθω πλούσια.

Η ικανότητα να διαχωρίζω τη συναισθηματική μου κατάσταση από την οικονομική μου κατάσταση με βοήθησε να αποκτήσω τον ψυχικό χώρο για να ακολουθήσω το μονοπάτι που με οδήγησε εκεί που βρίσκομαι τώρα. Και κατέληξα να ξεχάσω αυτό το τεράστιο μαρτύριο, παρόλο που μου το θυμίζει κάθε φορά που επιστρέφω στην Ευρώπη, επειδή το μετέτρεψα σε ανθεκτικότητα και αυτοπειθαρχία. Τώρα δεν φοβάμαι να είμαι φτωχός γιατί ξέρω πώς να είμαι πλούσιος και αγαπώ τη ζωή που έχω.

Κεφάλαιο 8: Ενσωμάτωση της ηθικής στα οικονομικά θέματα

Η αλληλεπίδραση μεταξύ εξουσίας, χρήματος και εκπαίδευσης υπογραμμίζει την επίδραση της πρώιμης έκθεσης στον πλούτο και τα προνόμια στη διαμόρφωση της στάσης των ατόμων απέναντι στο χρήμα. Είναι σαφές ότι όσοι περιβάλλονται από μικρή ηλικία από πλούτο προσανατολίζονται συχνά προς μια νοοτροπία αφθονίας και υπεύθυνης οικονομικής διαχείρισης, ενώ τα άτομα που μεγαλώνουν σε λιγότερο εύπορα περιβάλλοντα μπορεί να παλεύουν με μια νοοτροπία έλλειψης και παγιωμένες πεποιθήσεις για την αξία του χρήματος.

Οι θρησκείες, ιδίως, παίζουν συχνά αρνητικό ρόλο στο μυαλό των ανθρώπων, συνδέοντας την αρετή με τον πόνο και τον πλούτο με την απάτη και το κακό. Ως αποτέλεσμα, η ενοχή λειτουργεί ως διαβρωτική δύναμη που αποδυναμώνει την προσωπική ευθύνη και μας αποθαρρύνει από το να κυνηγήσουμε τα όνειρά μας. Αισθανόμαστε ένοχοι επειδή θέλουμε περισσότερα, επειδή μας λένε ότι η αγάπη βρίσκεται ανάμεσα σε ανθρώπους που θέλουν λιγότερα για εμάς και που θα δυσανασχετήσουν με τα επιτεύγματά μας, ειδικά όταν έχουμε πετύχει πολύ περισσότερα από όσα περίμεναν από εμάς.

Η αναγνώριση των βλαβερών επιπτώσεων της ενοχής στη σχέση μας με τα χρήματα και τους άλλους αναδεικνύει τη σημασία της καλλιέργειας μιας αίσθησης ευθύνης για τη δική μας ύπαρξη αντί να επιτρέπουμε στους άλλους να υπαγορεύουν τα αποτελέσματά μας. Άλλωστε, αν είμαστε οι μόνοι που πρέπει να αντιμετωπίσουμε τις συνέπειες, γιατί να επιτρέψουμε στους άλλους να υπαγορεύσουν την εμπειρία που θα έχουμε;

Η ανάληψη ευθύνης για την οικονομική μας επιτυχία σημαίνει επίσης ότι ίσως χρειαστεί να παραμελήσουμε την αξία των ανθρώπων που μας καταπιέζουν. Η αγάπη μας για τους άλλους και ο αλτρουισμός μας προς την ανθρωπότητα δεν θα πρέπει να περιλαμβάνουν την αφέλεια και την αποδοχή εκείνων που όχι μόνο δεν κατανοούν αυτές τις ιδιότητες, αλλά τις περιφρονούν και τις βλέπουν ως αδυναμίες.

Βέβαια, γρήγορα χάνω το ενδιαφέρον μου να μοιράζομαι αυτά που γνωρίζω με εκείνους που δεν κάνουν το ίδιο και αντίθετα με βλέπουν ως ανόητο που είμαι συμπονετικός, ενώ αυτοί βλέπουν τους άλλους ως ανταγωνιστές. Οι συζητήσεις μας έχουν ως κίνητρο διαφορετικά ενδιαφέροντα και οι αρετές μου θεωρούνται από αυτούς ως ελαττώματα.

Επιπλέον, κάθε φορά που μοιράζεστε αυτά που ξέρετε με ζηλόφθονους ανθρώπους, είναι πιο πιθανό να αντιμετωπίσετε αντιδράσεις μέσω ψεμάτων, σαμποτάζ των προσπαθειών σας και συκοφαντίες.

Μόνο όσοι βλέπουν τη ζωή ως συνεργασία και ανταλλαγή ιδεών μπορούν να υπερασπιστούν τις ολιστικές αξίες και να σε αποδεχτούν όπως είσαι, με αδυναμίες και δυνατά σημεία, και να δουν τις πραγματικές αδυναμίες και τα δυνατά σημεία σε σένα, ενώ οι ζηλιάρηδες που συναντάς στην πορεία κάνουν ακριβώς το αντίθετο και σε κάνουν να μπερδεύεις τα δυνατά σου σημεία με αδυναμίες και τις αδυναμίες με δυνατά σημεία.

Οι άνθρωποι που προσπάθησαν να με εμποδίσουν να γίνω επιτυχημένος συγγραφέας θα έβρισκαν λάθη στα γραπτά μου ή θα μου έλεγαν ότι δεν ακούγομαι σαν συγγραφέας, και καμία από τις δύο καταστάσεις δεν καθορίζει την αξία μου, αν και κάνουν πολλούς που επιδιώκουν το ίδιο αποτέλεσμα να αμφισβητούν τον εαυτό τους.

Κανένας από αυτούς τους ίδιους ανθρώπους δεν συνειδητοποίησε ποτέ ότι η εμπειρία μου ως δασκάλα και διευθύντρια επιχειρήσεων ή τα χιλιάδες βιβλία που έχω διαβάσει για τα οικονομικά, την εκδήλωση και την πνευματικότητα θα με βοηθούσαν να πετύχω, επειδή κανένας από αυτούς δεν ενδιαφερόταν να με δει να πετυχαίνω. Στοιχημάτιζαν στην αποτυχία μου.

Οι άνθρωποι έχουν ανάγκη να έχουν δίκιο, και αν είχα αποτύχει, θα τους είχα αποδείξει ότι είχαν δίκιο. Αλλά με το να πετύχω, τους απέδειξα ότι έκαναν λάθος και έδειξα ότι ήταν ασήμαντοι σε σύγκριση με μένα, και αυτό το μισούν, γι' αυτό και έχασα όλες τις φιλίες που είχα.

Ωστόσο, το ίδιο συμβαίνει και με τους αναγνώστες μου που μπερδεύουν την ανταλλαγή γνώσεων με την αλαζονεία και στη συνέχεια με προσβάλλουν στις κριτικές τους λέγοντας ότι είμαι ναρκισσιστής. Γιατί να είμαι ναρκισσιστής, αν μοιράζομαι όλα όσα γνωρίζω για να σας βοηθήσω να πετύχετε και να απολαύσετε τη ζωή σας πιο γρήγορα από ό,τι θα μπορούσα ποτέ;

Συμπυκνώνω κυριολεκτικά χρόνια της ζωής μου σε λίγες σελίδες, ώστε να μπορείτε να πετύχετε περισσότερα σε λιγότερο χρόνο. Είμαι όμως αλαζόνας, ναρκισσιστής και κακοπροαίρετος που το κάνω αυτό;

Αυτοί οι άνθρωποι είναι εγωιστές. Γράφουν αυτά τα πράγματα επειδή δεν θέλουν να διαβάσουν οι άλλοι άνθρωποι τα βιβλία τους. Τα γραπτά μου τους κάνουν να αισθάνονται ασήμαντοι και ξέρουν ότι αν άλλοι άνθρωποι διαβάσουν αυτά τα βιβλία, η επιτυχία αυτών των αναγνωστών θα τους κάνει να αισθάνονται ακόμη χειρότερα, οπότε κάνουν ό,τι μπορούν για να εξασφαλίσουν ότι λιγότεροι άνθρωποι θα βρουν τα βιβλία και θα τα διαβάσουν. Και τι κρίμα που ζούμε σε έναν κόσμο όπου η πλειοψηφία πιστεύει ό,τι λέει η πλειοψηφία, γιατί αν δεν διαβάσεις ένα βιβλίο εξαιτίας του τι έχει πει κάποιος άλλος γι' αυτό, είναι λιγότερο πιθανό να βρεις τα μαθήματα που χρειάζεσαι.

Τα πιο δημοφιλή βιβλία δεν απειλούν το status quo κανενός, και γι' αυτό προωθούνται. Δεν είναι τίποτα περισσότερο από βιβλία κοινής λογικής που, σε πολλές περιπτώσεις, σας διδάσκουν να αποδέχεστε τη ζωή όπως είναι και να μην κάνετε τίποτα γι' αυτήν. Στην πραγματικότητα, μεγάλο μέρος της εχθρότητας προς τους πλούσιους προέρχεται από τη μεγάλη οικονομική ανισότητα. Όσο πιο φτωχοί είναι οι άνθρωποι, τόσο πιο πιθανό είναι να μισούν τα ισχυρά βιβλία για το πώς να αποκτήσουν πλούτο. Μισούν το βιβλίο επειδή δεν μπορούν να το αποδεχτούν, το μισούν επειδή δεν μπορούν να αλλάξουν και το μισούν επειδή ξέρουν ότι οι άλλοι θα το διαβάσουν και θα αλλάξουν.

Αυτό είναι φθόνος, δυσαρέσκεια και προβολή αυτομίσους, όλα ταυτόχρονα, που στρέφεται κατά του συγγραφέα τέτοιων συγγραμμάτων. Και πώς μπορεί κάποιος να είναι τόσο γεμάτος μίσος ώστε να εκδηλώνει παραφροσύνη όταν απορρίπτει τα ίδια τα πράγματα που ζηλεύει;

Δεν μπορούμε να αμφισβητήσουμε τις κοινωνικές νόρμες που εξισώνουν τον πλούτο με αρνητικούς συνειρμούς αποδεχόμενοι τις, ούτε μπορούμε να αλλάξουμε τη μοίρα μας μισώντας εκείνους που έχουν αυτό που θέλουμε. Με την αναδιαμόρφωση των προοπτικών σχετικά με την κατανομή του πλούτου και την αναγνώριση της διασύνδεσης μεταξύ πλούτου και κοινωνικών δομών, μπορούμε να καλλιεργήσουμε μια πιο διαφοροποιημένη κατανόηση των ηθικών εκτιμήσεων σε οικονομικά ζητήματα.

Κεντρική θέση στον ηθικό διάλογο γύρω από το χρήμα κατέχει η αναγνώριση ότι η οικονομική επιτυχία είναι συνυφασμένη με την πνευματική και ψυχολογική ωριμότητα. Η συνειδητοποίηση ότι ο πλούτος ενισχύει τις εγγενείς ιδιότητες ενός ατόμου υπογραμμίζει τη σημασία της ευθυγράμμισης των οικονομικών προσδοκιών με τις προσωπικές αξίες και την ολοκλήρωση.

Αναπτυσσόμαστε ως άνθρωποι και ως ψυχές όταν κατανοούμε ότι η σχέση μας με τα χρήματα βρίσκεται στο επίκεντρο της σχέσης μας με τον κόσμο και την ίδια τη ζωή και επηρεάζει όχι μόνο τον τρόπο που ζούμε εμείς, αλλά και τον τρόπο που ζουν όλοι. Χρειαζόμαστε περισσότερη ενδοσκόπηση, κοινωνική ευαισθητοποίηση και ηθική διάκριση προτού μπορέσουμε να δούμε πώς η σχέση μας με τα χρήματα σχετίζεται άμεσα με το πώς θέλουμε να ζήσουμε τη ζωή μας και σε τι είδους κόσμο θέλουμε να ζήσουμε.

Με άλλα λόγια, αν δεν σας αρέσει το αφεντικό σας, σταματήστε να εργάζεστε γι' αυτό- αν δεν πιστεύετε στον θετικό αντίκτυπο που έχει η εταιρεία σας στον κόσμο, φύγετε- αν θέλετε να γίνετε πλούσιοι, επιλέξτε κάτι στο οποίο πιστεύετε και δώστε τον καλύτερό σας εαυτό, όχι μόνο επειδή θέλετε να γίνετε πλούσιοι, αλλά επειδή ξέρετε ότι ο κόσμος είναι καλύτερος με ανθρώπους σαν εσάς.

Η ενσωμάτωση ηθικών εκτιμήσεων στα οικονομικά ζητήματα όχι μόνο προάγει την προσωπική ανάπτυξη και ευημερία, αλλά συμβάλλει επίσης σε μια πιο ηθική και αρμονική κοινωνία.

Κεφάλαιο 9: Η αλχημεία του χρήματος και των συναισθημάτων

Η διερεύνηση της περίπλοκης σχέσης μεταξύ χρημάτων και συναισθημάτων αποκαλύπτει μια βαθιά σύνδεση που διαμορφώνει την πνευματική και ψυχολογική μας ευημερία. Η επιρροή του χρήματος στις συναισθηματικές καταστάσεις χρησιμεύει ως θεμελιώδης καθοριστικός παράγοντας για την κατανόηση της δυναμικής του πλούτου, της ευτυχίας και της πνευματικής ολοκλήρωσης.

Εκτός από την υλική του σημασία, το χρήμα φέρει ένα συμβολικό βάρος που είναι συνυφασμένο με το συναισθηματικό μας τοπίο. Οι άνθρωποι γενικά αποδίδουν βαθιά συναισθήματα όπως φόβο, άγχος, ευτυχία και ικανοποίηση σε οικονομικά ζητήματα που αντανακλούν τις αξίες, τις πεποιθήσεις και τις εμπειρίες τους. Η κατανόηση αυτού του συναισθηματικού νομίσματος είναι το κλειδί για την πλοήγηση στην πολυπλοκότητα του πλούτου και τον αντίκτυπό του στην προσωπική ολοκλήρωση.

Η αλληλεπίδραση μεταξύ χρήματος και συναισθημάτων υπερβαίνει τις απλές οικονομικές συναλλαγές και διεισδύει στον πυρήνα της ανθρώπινης συνείδησης. Συναισθήματα όπως η δυσαρέσκεια, η χαρά, ο θυμός και ο φόβος είναι άρρηκτα συνυφασμένα με τις αντιλήψεις μας για τον πλούτο και την αφθονία και οι συναισθηματικές συχνότητες που εκπέμπουμε, είτε θετικές είτε αρνητικές, επηρεάζουν σημαντικά τα οικονομικά αποτελέσματα και τις εμπειρίες της ζωής μας.

Υπάρχει συσχέτιση μεταξύ των συναισθηματικών συχνοτήτων και της οικονομικής επιτυχίας. Οι άνθρωποι που λειτουργούν με υψηλότερες συναισθηματικές συχνότητες, που χαρακτηρίζονται από αυτοπεποίθηση, θετικότητα και ευγνωμοσύνη, τείνουν να προσελκύουν αβίαστα πλούτο, ενώ οι χαμηλότερες συναισθηματικές συχνότητες, που χαρακτηρίζονται από αυτολύπηση, δυσαρέσκεια και φόβο, συχνά οδηγούν σε οικονομικές δυσκολίες και αποτυχίες.

Πρέπει να καλλιεργήσουμε μια θετική συναισθηματική σχέση με το χρήμα προκειμένου να εκδηλώσουμε αφθονία και οικονομική ευημερία.

Η υιοθέτηση της εμπιστοσύνης, της πίστης και της σκληρής δουλειάς ως κατευθυντήριων αρχών ανοίγει το δρόμο για μια αρμονική ευθυγράμμιση με τον πλούτο και την επιτυχία. Η μετάβαση από τα αρνητικά συναισθήματα σε μια νοοτροπία αφθονίας και ευγνωμοσύνης δημιουργεί τις προϋποθέσεις για μετασχηματιστικές αλλαγές στην οικονομική πραγματικότητα ενός ατόμου.

Εντοπίζοντας και αντιμετωπίζοντας τα βαθιά ριζωμένα συναισθηματικά εμπόδια, μπορούμε να ξεκινήσουμε ένα ταξίδι αυτογνωσίας και οικονομικής ενδυνάμωσης. Ο επαναπρογραμματισμός των συναισθηματικών μοτίβων και πεποιθήσεων για τα χρήματα μέσω αυτοθεραπευτικών ασκήσεων και θετικών επιβεβαιώσεων γίνεται καταλύτης για την προσέλκυση πλούτου και ευημερίας.

Η καθημερινή επανάληψη αυτών των επιβεβαιώσεων μπορεί πραγματικά να σας βοηθήσει να ευθυγραμμίσετε το μυαλό σας με μια πιο θετική προοπτική για την προοπτική του πλουτισμού. Το μόνο που χρειάζεται να κάνετε για να δημιουργήσετε αυτή την κατάφαση είναι να συνδέσετε ένα θετικό συναίσθημα με αυτήν.

Αυτή η άσκηση είναι ακόμη πιο ισχυρή αν συνδέσετε οικείες νοητικές καταστάσεις με τα ίδια συναισθήματα. Για παράδειγμα, θα μπορούσατε να πείτε: Μου αρέσει να τρώω, αλλά μου αρέσει ακόμα περισσότερο να είμαι πλούσιος και να τρώω στα καλύτερα εστιατόρια. Ή θα μπορούσατε να πείτε: Λατρεύω να βλέπω τον σύντροφό μου να χαμογελάει και λατρεύω ακόμα περισσότερο το γεγονός ότι μπορώ να του αγοράζω ακριβά δώρα που αγαπάει. Ή θα μπορούσατε να πείτε: Αγαπώ τη δουλειά μου γιατί με βοηθάει να κερδίζω περισσότερα χρήματα και με αυτά τα χρήματα μπορώ να ταξιδεύω, να κάνω νέους φίλους και να εξερευνώ όλα όσα έχει να προσφέρει η ζωή.

Όπως μπορείτε να δείτε, είναι πρακτικά αδύνατο να μισείτε τα χρήματα όταν τα συνδέετε με τα πράγματα που εκτιμάτε, γι' αυτό και υπενθυμίζοντας στον εαυτό σας αυτή τη σύνδεση καθημερινά μέσω θετικών επιβεβαιώσεων μπορεί πραγματικά να αλλάξει το μυαλό σας από μια κατάσταση έλλειψης σε μια κατάσταση αφθονίας. Θα το συνειδητοποιήσετε αυτό όταν το μυαλό σας γίνει πολύ δημιουργικό όσον αφορά την εξοικονόμηση χρημάτων και τη δημιουργία ιδεών για να κερδίζετε περισσότερα.

Αυτό μου συμβαίνει συνέχεια. Όταν ο σύντροφός μου μου ζητάει πίτσα, συγκρίνω αμέσως τα καλύτερα μέρη για φαγητό με τις τιμές τους και βλέπω ότι η ποιότητα και το κόστος δεν συσχετίζονται, πράγμα που σημαίνει ότι μπορώ να φάω καλά με λιγότερα χρήματα. Και αν θέλω να γράψω ένα καλό βιβλίο, αναλύω τις ερωτήσεις που μου θέτουν οι αναγνώστες μου, γιατί σίγουρα δεν έχουν βρει τις απαντήσεις στο περιεχόμενο των προηγούμενων γραπτών μου.

Για τον μέσο άνθρωπο, αυτή η συνεχής σκέψη και ανάλυση μπορεί να φαίνεται εξαντλητική, αλλά μόνο επειδή οι άνθρωποι αυτοί έχουν αρνητικά συναισθήματα που συνδέονται με το χρήμα. Δεν θέλουν να το σκέφτονται, παρόλο που το χρησιμοποιούν καθημερινά. Και με το να απομακρύνονται από κάτι που χρησιμοποιούν καθημερινά, στην πραγματικότητα προσελκύουν περισσότερη έλλειψη.

Η λύση είναι μάλλον το αντίθετο, να δείτε τον πλούτο σας ως ένα παιχνίδι. Απλά αναρωτηθείτε: Πόσα επιπλέον χρήματα μπορώ να βάλω στον τραπεζικό μου λογαριασμό αυτόν τον μήνα; Τι θα μπορούσα να κάνω στον ελεύθερο χρόνο μου που θα με βοηθούσε να αποκτήσω περισσότερα χρήματα;

Δεν χρειάζεται να ανησυχείτε ότι θα φτάσετε από λίγα δολάρια σε χιλιάδες δολάρια σε σύντομο χρονικό διάστημα, αν επικεντρωθείτε στην αλλαγή της νοοτροπίας σας απέναντι στο χρήμα. Επικεντρωθείτε απλώς στην ικανοποίηση από την απόκτηση ενός επιπλέον δολαρίου, η οποία θα πρέπει να προέρχεται μόνο από τη δουλειά σας.

Για παράδειγμα, θα μπορούσατε να ψήσετε μερικά μπισκότα και να τα πουλήσετε στο διαδίκτυο; Θα μπορούσατε να φτιάξετε ένα φυσικό σαπούνι και να το πουλήσετε στα μέσα κοινωνικής δικτύωσης;

Τι θα μπορούσατε να κάνετε που θα ήταν ευχάριστο, θεραπευτικό, διασκεδαστικό και θα σας βοηθούσε να κερδίζετε περισσότερα χρήματα;

Στην ουσία, η εξερεύνηση του χρήματος και των συναισθημάτων φωτίζει τη βαθιά σύνδεση μεταξύ των εσωτερικών καταστάσεων και των εξωτερικών εκδηλώσεων του πλούτου. Αναγνωρίζοντας τον αντίκτυπο των συναισθημάτων στα οικονομικά αποτελέσματα, μπορείτε να ξεκινήσετε μια πορεία αυτοκυριαρχίας, αφθονίας και ολιστικής ευημερίας, αναπτύσσοντας παράλληλα μια θετική αλλά και μεταμορφωτική σχέση με το χρήμα που οδηγεί στη συναισθηματική ολοκλήρωση.

Κεφάλαιο 10: Το χρήμα ως σύμβολο εμπιστοσύνης και ευημερίας

Η μελέτη του χρήματος ως λογιστικής μονάδας και ως μέσου πληρωμής τονίζει τη διπλή λειτουργία του στα οικονομικά συστήματα. Ως λογιστική μονάδα, το χρήμα διευκολύνει τη μέτρηση και τη σύγκριση της αξίας διαφορετικών οικονομικών αγαθών και υπηρεσιών, παρέχοντας ένα κοινό μέτρο για την αποτίμηση των συναλλαγών και των περιουσιακών στοιχείων. Ως μέσο πληρωμής, το χρήμα διευκολύνει την ανταλλαγή αγαθών και υπηρεσιών, προωθώντας έτσι την οικονομική δραστηριότητα και επιτρέποντας τη ροή των πόρων σε μια κοινωνία.

Η αλληλεπίδραση μεταξύ χρήματος, παραγωγικότητας και κοινωνικής ευημερίας αντανακλά μια δυναμική σχέση που υπερβαίνει τις απλές νομισματικές συναλλαγές. Η παραγωγικότητα και η αποδοτικότητα είναι εγγενείς παράγοντες που επηρεάζουν τη δημιουργία και την κυκλοφορία του πλούτου, τονίζοντας τον θεμελιώδη ρόλο της ανθρώπινης προσπάθειας και της καινοτομίας στη διαμόρφωση της αξίας του χρήματος.

Αναγνωρίζοντας τη διασύνδεση των οικονομικών δραστηριοτήτων και των προσωπικών συνεισφορών, μπορούμε να εκτιμήσουμε τη διαφοροποιημένη δυναμική που διέπει τη νομισματική αξία, ενώ η εξέταση του χρήματος σε σχέση με τις πολιτισμικές αντιλήψεις και τους κοινωνικούς κανόνες ρίχνει φως στις ποικίλες ερμηνείες και επιπτώσεις του πλούτου.

Οι πολιτισμικές πεποιθήσεις, τα ιστορικά πλαίσια και οι κοινωνικές δομές συμβάλλουν στη διαμόρφωση της στάσης των ατόμων απέναντι στο χρήμα και επηρεάζουν τις έννοιες της επιτυχίας, του πλούτου και της κατάστασης- έτσι, η πραγματική αξία του χρήματος υπερβαίνει την υλική του μορφή και περιλαμβάνει ένα πλήθος σημασιών, πεποιθήσεων και κοινωνικοοικονομικών δυναμικών.

Αναγνωρίζοντας το χρήμα ως σύμβολο εμπιστοσύνης, μέσο ανταλλαγής και αντανάκλαση των κοινωνικών αξιών, μπορούμε να αναπτύξουμε μια βαθύτερη εκτίμηση του πολύπλευρου ρόλου του νομίσματος στη διαμόρφωση της προσωπικής, κοινωνικής και οικονομικής σφαίρας.

Το χρήμα χρησιμεύει ως μέσο με το οποίο τα άτομα εκφράζουν τις επιθυμίες, τις προθέσεις και τη στάση τους απέναντι στη συσσώρευση πλούτου. Καλλιεργώντας μια αρμονική σχέση με το χρήμα και υιοθετώντας μια νοοτροπία αφθονίας, μπορούμε να καλλιεργήσουμε μια αίσθηση ευημερίας που υπερβαίνει τον απλό χρηματικό πλούτο και βοηθά στην προσέλκυση περισσότερου πλούτου.

Η αυτογνωσία, η συναισθηματική νοημοσύνη και η ευγνωμοσύνη αποτελούν τη βάση της ικανότητάς μας να διαμορφώνουμε το οικονομικό μας ταξίδι. Η κατανόηση του ρόλου των συναισθημάτων στη μαγνήτιση του πλούτου και των ευκαιριών αναδεικνύει τη δύναμη της θετικής σκέψης, του οραματισμού και του καθορισμού προθέσεων για την προσέλκυση της οικονομικής αφθονίας- επομένως, καλλιεργώντας μια νοοτροπία αφθονίας και ευγνωμοσύνης, μπορούμε να αξιοποιήσουμε τη συμπαντική ροή της ευημερίας και να υλοποιήσουμε τους οικονομικούς μας στόχους με σαφήνεια και σκοπό.

Αυτή η επιδίωξη του προσωπικού πλούτου απαιτεί μια ολιστική προσέγγιση που ενσωματώνει την οικονομική επιτυχία με τις αρχές της ακεραιότητας, της συμπόνιας και της κοινωνικής ευθύνης. Ευθυγραμμίζοντας τις οικονομικές επιδιώξεις με τις ηθικές αξίες και τις πνευματικές αρχές, μπορούμε να δημιουργήσουμε ένα θεμέλιο για διαρκή ευημερία που εκτείνεται πέρα από το οικονομικό κέρδος στην προσωπική ανάπτυξη και τον κοινωνικό αντίκτυπο.

Η προσωπική ευημερία μετριέται τότε όχι μόνο με τον χρηματικό πλούτο, αλλά και με μια ολιστική αίσθηση ευημερίας που περιλαμβάνει τη σωματική υγεία, τη συναισθηματική ισορροπία και τις ουσιαστικές σχέσεις. Η σχέση μεταξύ χρημάτων και προσωπικής ολοκλήρωσης υπογραμμίζει τη σημασία της ευθυγράμμισης των οικονομικών στόχων με τους ευρύτερους στόχους και αξίες της ζωής. Ενσωματώνοντας τη δημιουργία πλούτου με την προσωπική ανάπτυξη, μπορούμε να ξεκινήσουμε ένα ταξίδι ευημερίας που εμπλουτίζει όχι μόνο τους τραπεζικούς μας λογαριασμούς, αλλά και τη συνολική ποιότητα ζωής για εμάς και τους άλλους.

Υπάρχουν αμέτρητα παραδείγματα ατόμων και χωρών που χρησιμοποίησαν την άνοδό τους από ταπεινή αφετηρία για να επιτύχουν μεγάλη επιτυχία με αλτρουιστικά κίνητρα ή ιδέες που ωφελούν την ανθρωπότητα. Ένα τέτοιο άτομο είναι ο Howard Schultz, πρώην διευθύνων σύμβουλος της Starbucks. Μεγαλώνοντας σε ένα φτωχικό συγκρότημα κατοικιών στο Μπρούκλιν, ο Schultz εργάστηκε σκληρά για να ξεπεράσει τις συνθήκες που ζούσε και κατέληξε να φέρει επανάσταση στη βιομηχανία του καφέ δημιουργώντας μια εταιρεία που έθετε ως προτεραιότητα την κοινωνική ευθύνη και την ευημερία των εργαζομένων. Η Starbucks έγινε γνωστή για την προσφορά παροχών υγείας και δικαιωμάτων προαίρεσης αγοράς μετοχών στους υπαλλήλους της, πρωτοπορώντας σε ένα νέο μοντέλο εταιρικής κοινωνικής ευθύνης.Σε εθνικό επίπεδο, το Μπουτάν είναι μια χώρα που έχει υιοθετήσει ένα μοναδικό οικονομικό μοντέλο που επικεντρώνεται στην προώθηση της Ακαθάριστης Εθνικής Ευτυχίας (GNH) και όχι του Ακαθάριστου Εγχώριου Προϊόντος (ΑΕΠ). Δίνοντας προτεραιότητα στην ευημερία των πολιτών του και στην προστασία του περιβάλλοντος έναντι του υλικού πλούτου, το Μπουτάν έχει δώσει το παράδειγμα της βιώσιμης ανάπτυξης και της ολιστικής ευημερίας. Η δέσμευση της χώρας για περιβαλλοντική βιωσιμότητα, πολιτιστική διατήρηση και δίκαιη ανάπτυξη έχει εμπνεύσει παγκόσμιες συζητήσεις σχετικά με εναλλακτικά οικονομικά παραδείγματα που δίνουν προτεραιότητα στην ανθρώπινη ευημερία έναντι της απλής οικονομικής ανάπτυξης.

Ένα άλλο παράδειγμα είναι η περίπτωση της Κόστα Ρίκα, μιας χώρας που έχει θέσει ως προτεραιότητα τη διατήρηση του περιβάλλοντος και τη βιώσιμη ανάπτυξη για την προώθηση της οικονομικής ανάπτυξης. Εστιάζοντας στον οικοτουρισμό, τις ανανεώσιμες πηγές ενέργειας και τη διατήρηση της βιοποικιλότητας, η Κόστα Ρίκα βελτίωσε τις οικονομικές της προοπτικές, ενώ παράλληλα ωφέλησε τον πλανήτη και τους ανθρώπους της. Η προσέγγιση αυτή όχι μόνο έδωσε ώθηση στην οικονομία της χώρας, αλλά αποτέλεσε και πρότυπο για πρακτικές βιώσιμης ανάπτυξης που θα μπορούσαν να υιοθετήσουν και άλλα έθνη για να επιτύχουν τόσο οικονομική ευημερία όσο και περιβαλλοντική διαχείριση.

Τα παραδείγματα αυτά καταδεικνύουν πώς άτομα και χώρες μπορούν να περάσουν από τη φτώχεια στον πλούτο υιοθετώντας αλτρουιστικές ιδέες ή στρατηγικές που συμβάλλουν θετικά στην κοινωνία και τον κόσμο γενικότερα. Με την ευθυγράμμιση των οικονομικών επιδιώξεων με τις ηθικές αξίες, την κοινωνική ευθύνη και το όραμα για το γενικότερο καλό, είναι δυνατόν να επιτευχθεί ευημερία που υπερβαίνει τον χρηματικό πλούτο και δημιουργεί διαρκή αντίκτυπο στα άτομα, τις κοινότητες και τον πλανήτη.

Κεφάλαιο 11: Το μέλλον του χρήματος

Η εξέλιξη των χρηματοπιστωτικών συστημάτων και η εμφάνιση νέων τεχνολογιών θα φέρουν επανάσταση στη δυναμική της συσσώρευσης πλούτου και των νομισματικών συναλλαγών, εγκαινιάζοντας μια εποχή πρωτοφανών αλλαγών και καινοτομιών.

Ένα κεντρικό θέμα που αντηχεί στις συζητήσεις για το μέλλον του χρήματος είναι η επικείμενη μετάβαση σε ένα πιο ποικιλόμορφο και χωρίς αποκλεισμούς νομισματικό οικοσύστημα. Η παραδοσιακή εξάρτηση από το χαρτονόμισμα θα δώσει τη θέση της σε ένα ευρύτερο φάσμα επιλογών, με γνώμονα την ανάγκη για μεγαλύτερη ευελιξία της αγοράς και παγκόσμια χρηματοπιστωτική ολοκλήρωση.

Η αυγή μιας νέας εποχής απαιτεί ένα παγκόσμιο νόμισμα που θα υπερβαίνει τα σύνορα, θα ενώνει διαφορετικές οικονομίες και θα ανοίγει το δρόμο για ίσες οικονομικές ευκαιρίες σε όλες τις περιοχές. Αυτή η εξέλιξη προς ένα παγκόσμιο νόμισμα υποστηρίζεται από μια θεμελιώδη στροφή προς την αναγνώριση της αξίας της ακίνητης περιουσίας ως ακρογωνιαίου λίθου της χρηματοπιστωτικής σταθερότητας και ευημερίας. Η ακίνητη περιουσία, και όχι τα παραδοσιακά περιουσιακά στοιχεία όπως ο χρυσός, αναμένεται να διαδραματίσει βασικό ρόλο στη διαμόρφωση της μελλοντικής δημιουργίας πλούτου και βιωσιμότητας.

Η έμφαση στην ιδιοκτησία ακινήτων αντιπροσωπεύει την επιστροφή σε θεμελιώδεις αρχές που αναδεικνύουν τη σημασία των απτών περιουσιακών στοιχείων για την προώθηση της οικονομικής ανάπτυξης και της ανθεκτικότητας των επενδύσεων, ενώ το μελλοντικό τοπίο του χρήματος θεωρείται άρρηκτα συνδεδεμένο με τις προόδους στις ανανεώσιμες πηγές ενέργειας και τις καινοτόμες τεχνολογίες.

Η εμφάνιση βιώσιμων ενεργειακών λύσεων και μετασχηματιστικών εφευρέσεων θα επαναπροσδιορίσει τον τρόπο με τον οποίο αντιλαμβανόμαστε και χρησιμοποιούμε τους χρηματικούς πόρους, μεταβαίνοντας από μια κοινωνία που εξαρτάται από τον συγκεντρωτισμό των ενεργειακών πόρων που χειραγωγείται από λίγες εταιρείες σε μια κοινωνία ανεξάρτητη και αυτάρκη.

Βλέπουμε ήδη μια γεύση αυτής της μετάβασης με έννοιες όπως η μετατροπή της ηλιακής ενέργειας σε αξιοποιήσιμη ενέργεια και η ανάγκη για εναλλακτικούς, αλλά φιλικούς προς το περιβάλλον τρόπους τροφοδοσίας των οχημάτων μας.

Σύντομα, ολόκληρος ο κόσμος θα λειτουργεί με πόρους που θα είναι ανεξάρτητοι από οποιοδήποτε οικονομικό μονοπώλιο. Αυτό, βέβαια, αν μπορέσουμε να περάσουμε από έναν κόσμο που κυριαρχείται από την απληστία σε έναν κόσμο αλτρουισμού και μεγαλύτερης συνειδητοποίησης των πόρων και της αλληλεξάρτησής μας ως συλλογικό πλανητικό είδος, που δεν χωρίζεται από σύνορα, αλλά μόνο από ιδανικά.

Στην πορεία, ορισμένοι κανόνες θα πρέπει να περιπέσουν σε αχρηστία, όπως η ανάγκη για διαβατήρια, σύνορα και έλεγχο των μετακινήσεών μας στον πλανήτη. Βλέπουμε αναλαμπές αυτού του φαινομένου στην Ευρωπαϊκή Ένωση. Ελπίζουμε ότι αυτό το ιδεώδες, μαζί με τις ειδικές βίζες που δημιουργούνται ειδικά για τους νομάδες που θέλουν να εργαστούν στο εξωτερικό, θα γεννήσει μια νέα πλανητική συλλογικότητα.

Αν θέλετε να τοποθετηθείτε μπροστά από τους άλλους, πρέπει να κινηθείτε προς αυτό το μέλλον με μυαλό και πνεύμα. Η συνειδητοποίηση ότι ο κόσμος χρειάζεται μια άνοδο προς περισσότερη αγάπη και συνεργασία είναι αυτή που θα σας οδηγήσει στο ιδανικό σας μέλλον.

Σίγουρα, ό,τι κι αν αποφασίσετε να κάνετε για να γίνετε πιο άφθονοι, θα είναι επιτυχές αν το ευθυγραμμίσετε με το τρίγωνο της ιδεοληψίας μιας καλύτερης Γης, την ανάγκη σας να συνεισφέρετε στην ανθρωπότητα με τον σκοπό σας και τα οφέλη που θα σας φέρει στην πορεία η μεγαλύτερη αφθονία.

Είναι πιο πιθανό να προσελκύσετε την αφθονία όταν την ευθυγραμμίζετε με τις ειλικρινείς προθέσεις σας, γι' αυτό και κάθε φορά που κάποιος μου ζητά βοήθεια για να βρει τον ιδανικό σκοπό της ζωής του, ειδικά αυτόν που θα μπορούσε να τον κάνει πολύ πλούσιο, η απάντησή μου είναι πάντα η ίδια: κοιτάξτε γύρω σας και βρείτε ευκαιρίες για να διευρύνετε την ανθρώπινη συνείδηση. Υπάρχουν τόσοι πολλοί τρόποι για να το κάνετε αυτό, που όταν μετατοπίσετε τη συνείδησή σας από το να έχετε ανάγκη για τον εαυτό σας στο να δίνετε στους άλλους, θα βρείτε πληθώρα ευκαιριών. Αυτό σημαίνει να έχετε νοοτροπία αφθονίας.

Όπου πηγαίνω, βρίσκω αυτές τις ευκαιρίες και τις μοιράζομαι με τους ντόπιους, και όσοι ακούνε και εφαρμόζουν αυτά που λέω γίνονται πλούσιοι σε χρόνο μηδέν, ενώ οι υπόλοιποι συνεχίζουν να παλεύουν με την έλλειψη πίστης, την τεμπελιά και τις προκαταλήψεις τους για τον κόσμο.

Οι άνθρωποι πάντα αποτυγχάνουν περισσότερο εξαιτίας των αμφιβολιών τους παρά εξαιτίας των ιδεών που εφαρμόζουν. Ποντάροντας στην ασφάλειά τους και σε αυτά που γνωρίζουν, οι περισσότεροι άνθρωποι επενδύουν στην αποτυχία τους, γιατί το μέλλον δεν θέλει τίποτα από το παρελθόν. Αν θέλετε να γίνετε πλούσιοι, πρέπει πάντα να επενδύετε στο μέλλον.

Ένας από τους πιο προφανείς τρόπους αξιοποίησης ευκαιριών είναι μέσω των καταστημάτων που βλέπουμε παντού, δηλαδή των καφετεριών που πωλούν ακριβώς τα ίδια πράγματα. Τι πλεονέκτημα έχουν εκείνοι που πωλούν μοναδικά πράγματα έναντι εκείνων που δεν τολμούν καν να αντιγράψουν τις ιδέες τους. Αλλά αυτό που είναι ακόμη πιο ενδιαφέρον είναι ότι τα μαγαζιά που πωλούν νέα γλυκά δεν εφευρίσκουν καν κάτι καινούργιο, αλλά απλώς εισάγουν το άγνωστο και το κάνουν ορατό σε ντόπιους που διαφορετικά δεν θα το είχαν δει ποτέ.

Μιλάω για αρτοποιεία στην Κίνα, τη Μαλαισία και τις Φιλιππίνες που αυξάνουν τα κέρδη και τη δημοτικότητά τους πουλώντας ψωμιά και κέικ από την Ελλάδα, τη Γαλλία, την Ισπανία, την Ιταλία και την Πορτογαλία.

Αν εξετάσουμε τον τομέα των ακινήτων, είναι επίσης πολύ προφανές ότι τα σύγχρονα σχέδια που αντιγράφουν τις καλύτερες ιδέες από όλο τον κόσμο πωλούνται ταχύτερα από τα παλιά, ξεπερασμένα σχέδια.

Βλέπουμε την ίδια τάση στην τέχνη, με τους ζωγράφους που υιοθετούν την ανάγκη για καινοτομία να υπερτερούν των συναδέλφων τους που εξακολουθούν να χρησιμοποιούν παραδοσιακές μεθόδους. Μπορούμε να το ονομάσουμε μοντέρνα τέχνη, αλλά είναι κάτι πολύ περισσότερο από ιδέες, είναι η διέγερση της διάνοιας σε έναν κόσμο υπερκορεσμένο από πληροφορίες και χάος που θέτει τους καλύτερους καλλιτέχνες στην πρώτη γραμμή της καινοτομίας και της προσοχής, και αυτοί συγκεντρώνουν όλο τον πλούτο, ενώ οι υπόλοιποι πασχίζουν να πουλήσουν, ισχυριζόμενοι ότι η τέχνη δεν εκτιμάται.

Όσον αφορά τα βιβλία, και ως ιδιοκτήτης εκδοτικής εταιρείας βιβλίων, αυτές οι αρχές δεν θα μπορούσαν να είναι πιο προφανείς για μένα, επειδή συναντώ συνεχώς συγγραφείς ή ανθρώπους που θέλουν να εκδώσουν ένα βιβλίο χωρίς απολύτως τίποτα χρήσιμο να πουν. Θέλουν να εμφανιστεί το όνομά τους σε ένα σημαντικό προϊόν για να νιώσουν ότι επικυρώνονται, και όμως δεν τους ενδιαφέρει αν τα λόγια τους δεν είναι τίποτα περισσότερο από μια επανεφεύρεση όσων έχουν ήδη πει άλλοι ή απλώς μια ανάγκη να ανακουφίσουν τον εγωισμό τους μιλώντας στον εαυτό τους. Τα λόγια τους δεν έχουν καμία εγγενή αξία, και πώς μπορεί ένας συγγραφέας να είναι μοναδικός και να συνεισφέρει στον κόσμο με μια τόσο μεγάλη ποικιλία επιλογών;

Ως κάποιος που έχει βρεθεί στις λίστες των μπεστ σέλερ περισσότερες από 100 φορές με διάφορα ψευδώνυμα, μπορώ να σας δώσω μια ξεκάθαρη απάντηση: Γράφοντας κάτι που οι άνθρωποι χρειάζονται και δεν μπορούν να βρουν πουθενά αλλού. Και ο τρόπος για να γράψετε κάτι ποιοτικό που δεν μπορεί να βρεθεί πουθενά αλλού είναι ο ίδιος για κάθε επιτυχημένη προσπάθεια: Διαβάστε πολύ, βρείτε ανεκμετάλλευτες πληροφορίες ανάμεσα στις γραμμές και πίσω από τις σκέψεις των συγγραφέων, εξερευνήστε αυτές τις πληροφορίες στη δική σας ζωή και στις ζωές των ανθρώπων που συναντάτε και επικεντρωθείτε στο να συνεισφέρετε στην κοινωνία.

Αντί να εξετάζετε την προοπτική να πουλήσετε απλώς όνειρα και συναισθήματα, σκεφτείτε πώς θα διαμορφωθούν οι ζωές άλλων ανθρώπων από τα λόγια σας. Αν μπορείτε να το κάνετε αυτό, μπορείτε να γράψετε ένα πολύ καλό βιβλίο.

Ωστόσο, οι περισσότεροι άνθρωποι παρασύρονται τόσο πολύ από την ανάγκη να γίνουν αντιληπτοί ως συγγραφείς που καταλήγουν να επικεντρώνονται σχεδόν αποκλειστικά στη δομή των προτάσεων, γράφοντας εύγλωττα αλλά χωρίς πολύτιμο νόημα.

Προσωπικά, δεν με ενδιαφέρει η ποιότητα ενός βιβλίου αν δεν έχει να μου διδάξει τίποτα, γιατί η αξία πάντα υπερτερεί της ποιότητας των λέξεων.

Αυτή την αρχή τη βλέπουμε και στις επιχειρήσεις, γιατί ενώ πολλοί επιχειρηματίες έχουν εμμονή με την ποιότητα του προϊόντος τους, οι επιτυχημένοι απλώς παρατηρούν πώς αντιδρούν οι άνθρωποι σε αυτό. Ακριβώς όπως ένα βιβλίο που κανείς δεν διαβάζει είναι ένα άχρηστο βιβλίο, έτσι και ένα προϊόν που κανείς δεν αγοράζει είναι ένα άχρηστο προϊόν, όσο χρόνο κι αν αφιερώσετε στην προώθησή του.

Αυτός είναι ο λόγος για τον οποίο τόσοι πολλοί απόφοιτοι πανεπιστημίου αποτυγχάνουν ως επιχειρηματίες: κολλάνε πολύ στις θεωρίες για να παρατηρήσουν τα αποτελέσματα. Ξοδεύουν πολύ χρόνο σε διαδικασίες και χάνουν πολύ χρόνο σκεπτόμενοι μόνο άχρηστες σκέψεις.

Κεφάλαιο 12: Η διασταύρωση μεταξύ συνείδησης και πλούτου

Κάθε φορά που κάποιος θέλει να συνεργαστεί μαζί μου, αλλά αργεί πάρα πολύ να κάνει αυτό που λέει και υπόσχεται, ξέρω ήδη ότι απλώς σπαταλάει τον χρόνο μου και αναζητά ενίσχυση για να λύσει την αναβλητικότητά του, χωρίς όμως μακροπρόθεσμο αντίκτυπο στην αποφασιστικότητά του.

Οι περισσότεροι άνθρωποι απλώς δεν έχουν αυτό που χρειάζεται για να έχουν νοοτροπία πλούτου, όσο κι αν διαβάζουν γι' αυτό. Και η λύση γι' αυτούς είναι ακόμη πιο αγνοημένη από τις σωστές ιδιότητες - σημαίνει ανάπτυξη πειθαρχίας και ανάλυση της πηγής της άγνοιάς τους, αμφισβητώντας τον εαυτό τους.

Η αυξανόμενη ανάγκη για προπονητές δεν είναι τίποτα περισσότερο από μια επιχειρηματική ευκαιρία για να αντικαταστήσει την αχρηστία των πιστοποιημένων θεραπευτών, επειδή ένας ψυχολόγος ή ψυχίατρος που σπαταλάει τον χρόνο σας και δεν μπορεί να σας βοηθήσει να επιτύχετε τους στόχους σας, και αντ' αυτού έχει εμμονή με την παιδική του ηλικία και τα ναρκωτικά, δεν μπορεί πραγματικά να σας βοηθήσει να φτάσετε πουθενά εκτός από το να βγείτε από την πόρτα του διαμερίσματός σας και να πάτε στο γραφείο του κάθε εβδομάδα, ή να διατηρήσει τη δουλειά του, ίσα-ίσα για να κρατήσει την επιχείρησή του σε λειτουργία.

Επίσης, δεν χρειάζεστε πιστοποίηση για να παράγετε αποτελέσματα για τον εαυτό σας και τους άλλους, συμβάλλοντας σε έναν καλύτερο κόσμο. Συχνά, δεν χρειάζεστε καν τα προϊόντα.

Μια από τις μαθήτριές μου ανέπτυξε μια επιχείρηση με τίποτα περισσότερο από μια ιδέα που της έδωσα. Χρόνια αργότερα, προσέλαβε συμμαθητές της για να δουλέψουν γι' αυτήν, και αυτό που έκανε δεν ήταν τίποτα περισσότερο από την εφαρμογή αυτού που ήδη έκανε ως διερμηνέας. Η μόνη διαφορά ήταν ότι αντί να περιμένει να φτάσουν οι πελάτες στη χώρα και να της στείλουν ένα μήνυμα, δημιούργησε επιχειρηματικά επενδυτικά πακέτα τα οποία προσέφερε σε εταιρείες στη Νότια Αμερική. Τα πακέτα της περιλάμβαναν όλα όσα θα ήθελε κάποιος που ήθελε να επενδύσει σε ένα κινεζικό εργοστάσιο: γνώση των πιθανών κατασκευαστών, μεταφραστή και διερμηνέα που θα συνόδευε την ομάδα σε καθημερινή βάση, κρατήσεις ξενοδοχείων, εστιατορίων κ.ο.κ. Αφού την πλήρωσαν, δεν είχαν να ανησυχούν για τίποτε άλλο.

Έγινε τόσο πλούσια που οι συμμαθητές της, από περιέργεια, με ρώτησαν τι της είχα πει. Η απάντηση δεν ήταν αυτή που περίμεναν: της είπα αυτό που είπα και σε όλους τους άλλους, γιατί το μοιράστηκα στην τάξη.

Πολλοί έπαιζαν με τα κινητά τους την ώρα που μιλούσα, επειδή δεν πίστευαν ότι αυτά που έλεγα ήταν σημαντικά και σχετίζονταν με τις εξετάσεις τους, άλλοι παραπονιόντουσαν στους συναδέλφους μου ότι σπαταλούσα χρόνο διδάσκοντας άσχετα θέματα, και μόνο αυτό το κορίτσι αντέγραφε και εφάρμοζε τις πληροφορίες που μοιραζόμουν.

Όταν αυτοί οι μαθητές μου ζήτησαν να επαναλάβω όσα τους είχα πει εκείνη την ημέρα, τους είπα: Διαβάστε τα βιβλία μου, γιατί δεν είμαι πια ο δάσκαλός σας.

Οι άνθρωποι συχνά χάνουν τις καλύτερες ευκαιρίες της ζωής τους απλώς και μόνο επειδή δεν δίνουν προσοχή. Πολλοί από τους φοιτητές μου από άλλα πανεπιστήμια εφάρμοσαν τις ιδέες που μοιράστηκα μαζί τους και έγιναν εξαιρετικά πλούσιοι και ευτυχισμένοι με τη ζωή τους. Δεν ήταν καν οι καλύτεροι φοιτητές και οι ιδέες δεν ήταν εξαιρετικές. Απλώς μοιράστηκα μαζί τους αυτά που είχα παρατηρήσει στη χώρα τους και συνδύασα τις δεξιότητές τους με προφανείς ανάγκες που θα μπορούσαν να ωφελήσουν πολλούς.

Αυτή είναι η φόρμουλα της επιτυχίας, αλλά επειδή οι άνθρωποι είναι πολύ παθιασμένοι με τα χρήματα για να ανησυχούν για τις ανάγκες των άλλων, σταματούν να ψάχνουν, και η αναζήτηση είναι η πιο σημαντική δεξιότητα ενός καλού επιχειρηματία.

Ένα άλλο πρόβλημα που έχουν πολλοί άνθρωποι, εκτός από το να μην κοιτάζουν, είναι το να μην βλέπουν, όπως όταν νομίζουν ότι ο δάσκαλος είναι ηλίθιος επειδή υποτίθεται ότι διδάσκει κάτι από ένα βιβλίο και δεν ξέρει τίποτα από οικονομικά. Αλλά ακόμα χειρότερα, δεν ακούνε, γιατί ο λόγος που μου ζητείται συχνά να διδάξω στους καθηγητές τους πώς να διδάσκουν και να κάνω ακόμα και μαθήματα για το πώς να γράφεις βιογραφικό σημείωμα και πώς να συμπεριφέρεσαι σε μια συνέντευξη είναι ότι είχα εργαστεί ως διευθυντής επιχειρήσεων πριν εργαστώ σε πανεπιστήμια. Αγνόησαν επίσης αυτό το προφανές γεγονός.

Οι άνθρωποι είναι πολύ τυφλοί, κουφοί και ηλίθιοι για να δουν τις ευκαιρίες που βρίσκονται μπροστά τους και στη συνέχεια ισχυρίζονται ότι είναι άτυχοι, αλλά ακριβώς όπως η τύχη ευνοεί το προετοιμασμένο μυαλό, εκείνοι που είναι πολύ ηλίθιοι πιστεύουν πάντα ότι η τύχη δεν είναι με το μέρος τους.

Αν δουλέψεις σκληρά με αυτά που κάποιος μοιράζεται μαζί σου και γίνεις απίστευτα επιτυχημένος, οι ίδιοι τεμπέληδες, αμόρφωτοι και κλειστοί άνθρωποι θα σου πουν ότι είσαι πολύ τυχερός. Τόσο άχρηστες είναι οι απόψεις τους, ακόμα και όταν διαμαρτύρονται για όσους προσπαθούν να τους βοηθήσουν, απλά και μόνο επειδή αυτή η βοήθεια δεν συνάδει με τις προκαταλήψεις και τις υποθέσεις τους για την πραγματικότητα που θέλουν να διαιωνίσουν.

Όσοι καταβάλλουν μεγαλύτερη προσπάθεια για να διατηρήσουν τον κόσμο ως έχει, αντί να τον μετακινήσουν προς ένα καλύτερο μέλλον, είναι πάντα πιο πιθανό να αποτύχουν στη ζωή τους, και για προφανείς λόγους - επενδύουν στο παρελθόν.

Το μυαλό τους είναι μουδιασμένο, δεν υπάρχει δημιουργικότητα, συναίσθημα ή κίνητρο για την προοπτική δημιουργίας ενός καλύτερου κόσμου για τους άλλους ή για τους ίδιους, μπορούν μόνο να ζηλεύουν και να επιθυμούν αυτό που έχουν οι άλλοι. Όσο περισσότερο όμως ένα άτομο εστιάζει σε ευκαιρίες που είναι ευθυγραμμισμένες με την ανώτερη συνείδηση, τόσο μεγαλύτερη είναι η πιθανότητα επιτυχίας. Αυτός είναι ο λόγος για τον οποίο οι πνευματικές αρχές είναι πάντα ευθυγραμμισμένες με την ευημερία.

Αυτό δεν σημαίνει ότι πρέπει να συγχέετε τη θρησκεία με την πνευματικότητα, διότι δεν είναι το ίδιο πράγμα, και η θρησκεία δεν είναι τίποτα περισσότερο από ένα σύνολο συμφωνημένων αρχών σχετικά με την πνευματικότητα και την ανθρώπινη φύση, που συχνά οδηγούν τους ανθρώπους σε μια πεποίθηση αντί για μια πραγματικότητα.

Δεν υπάρχει Θεός στην επιβολή πεποιθήσεων και δογμάτων. Οι θρησκείες είναι αρένες για τη λατρεία των δαιμόνων. Υπάρχει περισσότερος Θεός σε μια συναυλία heavy metal παρά σε μια εκκλησία, επειδή ο πραγματικός Θεός είναι ο Θεός της δημιουργικότητας, της συναισθηματικής έκφρασης, της αυτογνωσίας και της αμφισβήτησης.

Αν θέλετε να γνωρίσετε τον Θεό, πρέπει πρώτα να μάθετε να ρωτάτε και να μελετάτε τις απαντήσεις Του. Τότε θα δεις ότι ο Θεός απαντά στις προσευχές σου κάθε μέρα με ό,τι σου έρχεται. Ακόμα και οι αποθανόντες αγαπημένοι σου σε βοηθούν από τον πνευματικό κόσμο, προετοιμάζοντας το έδαφος για τα θαύματα που θα έρθουν στο δρόμο σου.

Το μόνο που έχετε να κάνετε είναι να δεχτείτε αυτά τα δώρα και να κατανοήσετε το νόημά τους. Στην πραγματικότητα, συχνά τα πνεύματα πίσω από το πέπλο της πραγματικότητας έχουν απλώς συνεργαστεί για να φέρουν τους κατάλληλους ανθρώπους στη ζωή σας.

Ένα από αυτά τα μεγάλα δώρα είναι ένας υποστηρικτικός σύντροφος, και το μόνο που χρειάζεται να κάνετε είναι να τον σεβαστείτε και να τον εκτιμήσετε και να ρέετε με αυτή την ενέργεια προς μια καλύτερη ύπαρξη. Πολλοί άνδρες έχουν γίνει σπουδαιότεροι, όχι εξαιτίας αυτών που έμαθαν ή έκαναν, αλλά εξαιτίας των γυναικών που μπήκαν στη ζωή τους με αγάπη, θάρρος και πίστη.

Αλλά τι άθλιος κόσμος είναι αυτός που λέγεται στις γυναίκες ότι είναι καλύτερα να είναι μόνες τους, γιατί αυτός είναι ένας κόσμος όπου εξαπλώνεται η ασυδοσία, η άνοια, η μοναξιά και η δυστυχία.

Όταν οι γυναίκες δεν κατανοούν τον ρόλο τους ως δημιουργοί και οι άνδρες χάνουν το ενδιαφέρον τους για τη δημιουργία υγιών οικογενειών, η κοινωνία δεν μπορεί να διατηρηθεί και οδηγείται στην καταστροφή από την κατάθλιψη και τις αυτοκτονίες, καθώς και από την παντελή έλλειψη ηθικών αξιών και φιλοδοξίας.

Κεφάλαιο 13: Η δύναμη των υποσυνείδητων πεποιθήσεων στη δημιουργία π λούτου

Καθώς ο χρηματοπιστωτικός κόσμος συνεχίζει να εξελίσσεται, η αλληλεπίδραση μεταξύ των ψηφιακών νομισμάτων και των παραδοσιακών νομισματικών συστημάτων θα διαμορφώσει το μέλλον της διαχείρισης του πλούτου και των συναλλαγών.

Η εμφάνιση των ψηφιακών νομισμάτων αντιπροσωπεύει μια αλλαγή παραδείγματος προς αποκεντρωμένους και ασφαλείς χρηματοοικονομικούς μηχανισμούς. Η ενσωμάτωση τεχνολογιών αιχμής, όπως τα μικροτσίπ RFID, αναδεικνύει τις δυνατότητες για επαναστατικές αλλαγές στον τρόπο με τον οποίο αντιλαμβανόμαστε, συναλλασσόμαστε και αποθηκεύουμε τον πλούτο στην ψηφιακή εποχή.

Το πρόβλημα που μπορεί να αντιμετωπίσουμε δεν είναι τόσο οι ίδιες οι τεχνολογίες, όσο η προσπάθεια κάποιων λίγων εκλεκτών να τις χρησιμοποιήσουν για να ελέγξουν τις μάζες και να ανακατευθύνουν αυτό το πιθανό μέλλον προς το μέρος τους, περιορίζοντας τις δυνατότητες για πραγματική επιχειρηματικότητα.

Το μέλλον του χρήματος εγκαινιάζει μια νέα εποχή οικονομικής συνείδησης στην οποία οι αξίες της βιωσιμότητας, της καινοτομίας και της ενσωμάτωσης συγκλίνουν για να επαναπροσδιορίσουν τη δυναμική της δημιουργίας και της διανομής του πλούτου, αλλά πρέπει να έχουμε επίγνωση της προσπάθειας ορισμένων να μονοπωλήσουν αυτό το μέλλον, όπως έκαναν με το παρελθόν μας και τις τεχνολογίες που αναπτύχθηκαν.

Για παράδειγμα, ο λαμπτήρας είναι μια ασήμαντη εφεύρεση σε σύγκριση με το μοντέλο που πρότεινε ο Νίκολα Τέσλα, το οποίο θα μπορούσε να φέρει επανάσταση στον κόσμο και να τον προωθήσει κατά πολλές χιλιάδες χρόνια.

Όταν κοιτάμε την κατάσταση της τεχνολογίας που έχουμε και τη συγκρίνουμε με τον τεράστιο όγκο της αποσιωπημένης γνώσης, είναι αναπόφευκτο να συνειδητοποιήσουμε ότι είμαστε πολλές χιλιάδες χρόνια πίσω από τον κόσμο που θα έπρεπε να έχουμε, και αυτή η ανάγκη να διορθώσουμε την πορεία μας δεν θα συμβεί μέχρι να ανυψωθούμε συνειδησιακά και να συνειδητοποιήσουμε τις εξαπατήσεις που συνεχίζονται μέχρι σήμερα.

Είναι απαραίτητο να σταματήσουμε εκείνους που παρακινούνται από την απληστία και να υποστηρίξουμε εκείνους που παρακινούνται από τις αλτρουιστικές αξίες της παγκόσμιας συνεργασίας και της εξίσωσης των ωφελειών και των ευκαιριών για τους ανθρώπους του πλανήτη.

Ένα μεγάλο μέρος αυτής της διαδικασίας θα απαιτήσει να εξετάσουμε αυτά που έχουν κατασταλεί ή παραμεληθεί και ξεχαστεί, παρά τις νέες ιδέες ή εφευρέσεις. Η αξιοποίηση του μετασχηματιστικού δυναμικού της τεχνολογίας, της βιωσιμότητας και της παγκόσμιας συνδεσιμότητας είναι το κλειδί για να ξεκλειδώσουμε ένα μέλλον στο οποίο η ευημερία δεν θα είναι απλώς μια φιλοδοξία, αλλά μια κοινή πραγματικότητα για τα άτομα και τις κοινωνίες σε όλο τον κόσμο.

Σε αυτό το δυνητικό σενάριο, το μέλλον του χρήματος είναι τόσο πραγματικό όσο και αυτό που μπορούμε να κάνουμε για τους άλλους, επειδή θα εξελίσσεται καθώς εξελισσόμαστε ως πλανητικό είδος. Κινούμαστε προς τα εκεί επειδή ήδη καταλαβαίνουμε ότι τα βιβλία έχουν αξία από μόνα τους, ακόμη και σε ψηφιακή μορφή.

Ελπίζουμε ότι, καθώς όλο και περισσότεροι άνθρωποι είναι πρόθυμοι να πληρώσουν για τη γνώση και την πληροφόρηση και καθώς αυτή η διαδικασία γίνεται πιο προσιτή στις μάζες, η δυνατότητα μιας καλύτερης Γης θα γίνει μια πραγματικότητα που θα είναι προσιτή σε εμάς.

Από την άλλη πλευρά, δεν υπάρχουν πολλά που μπορούν να γίνουν για έναν αδαή λαό, επειδή οι αδαείς άνθρωποι δεν μπορούν να δουν ή να εκτιμήσουν τα καλά πράγματα. Αυτό είναι η άγνοια, η αδυναμία να δουν την αξία, οπότε η άγνοια οδηγεί στην αποτυχία και η αποτυχία οδηγεί στη δυστυχία.

Αν θέλετε να γίνετε πλούσιοι, πρέπει πρώτα να μορφωθείτε, και αυτό ξεκινά με τα βιβλία. Δεν έχω γνωρίσει ποτέ κανέναν που να απέτυχε επειδή δεν είχε πανεπιστημιακό πτυχίο, αλλά δεν έχω επίσης γνωρίσει ποτέ έναν επιτυχημένο επιχειρηματία που να μην έχει διαβάσει πολύ.

Η εξερεύνηση του αγνώστου μέσω της ανάγνωσης και της μάθησης αποκαλύπτει τις κρυφές επιρροές που διαμορφώνουν τις αντιλήψεις μας για τον πλούτο και την ευημερία, ρίχνει φως στη βαθιά επίδραση των πεποιθήσεών μας σχετικά με την οικονομική επιτυχία και την ευημερία και διευρύνει τις δυνατότητές μας να υλοποιήσουμε τα όνειρά μας.

Η δύναμη της θέλησης από μόνη της δεν είναι ποτέ αρκετή- πρέπει να μαθαίνετε, να αλλάζετε και να βελτιώνεστε. Και ενώ η αποτυχία δεν καθορίζει τα αποτελέσματά σας, είναι απίθανο να πετύχετε αν δεν είστε πρόθυμοι να μάθετε από αυτές τις αποτυχίες και να βελτιωθείτε.

Οι υποσυνείδητες πεποιθήσεις και οι νοοτροπίες που διατηρούμε παίζουν θεμελιώδη ρόλο στη διαμόρφωση της οικονομικής μας πραγματικότητας. Οι βαθιά ριζωμένες πεποιθήσεις που έχουμε για τα χρήματα, τον πλούτο και την επιτυχία, οι οποίες συχνά βασίζονται στα πρότυπα των ανθρώπων γύρω μας, αποτελούν τη βάση των οικονομικών μας αποφάσεων και συμπεριφορών.

Πολλά από αυτά που μας οδηγούν στην αποτυχία έχουν τις ρίζες τους στα λανθασμένα παραδείγματα, τους φόβους και τις πεποιθήσεις των άλλων. Αυτές οι πεποιθήσεις, που συχνά μας έχουν εμπεδωθεί από την παιδική ηλικία ή μέσω της κοινωνικής διαμόρφωσης, υπαγορεύουν τη σχέση μας με τον πλούτο και επηρεάζουν τις οικονομικές μας αποφάσεις με ανεπαίσθητους αλλά σημαντικούς τρόπους.

Η κατανόηση της δύναμης των πεποιθήσεων στον οικονομικό τομέα είναι απαραίτητη για να ξεκλειδώσουμε το πραγματικό δυναμικό του πλούτου μας.

Το υποσυνείδητο λειτουργεί ως σιωπηλός ενορχηστρωτής, διαμορφώνοντας την οικονομική μας πορεία με βάση τις πεποιθήσεις και τα μοτίβα σκέψης που έχουμε. Διερευνώντας τις υποσυνείδητες πεποιθήσεις μας για τα χρήματα, μπορούμε να αποκαλύψουμε τα κρυφά εμπόδια και τις περιοριστικές πεποιθήσεις που μπορεί να εμποδίζουν την οικονομική μας ανάπτυξη και αφθονία.

Στο υποσυνείδητο μυαλό μας μπορούμε να ξετυλίξουμε το περίπλοκο πλέγμα των πεποιθήσεων που στηρίζουν τις οικονομικές μας αποφάσεις και συμπεριφορές. Αυτό το κάνουμε αμφισβητώντας τις δικές μας σκέψεις και αποφάσεις και εκλογικεύοντας τρόπους βελτίωσής τους μέσω συστημικής σκέψης και πειθαρχίας.

Χωρίς αυτοπειθαρχία, τίποτα δεν αλλάζει. Αλλά όλα ξεκινούν με ένα χρονοδιάγραμμα και μια δέσμευση για τους στόχους μας μέσα σε μια αυτοεπιβαλλόμενη συναλλαγή χρόνου και αποτελεσμάτων.

Αποκαλύπτοντας τα κρυφά συστήματα πεποιθήσεων που καθοδηγούν τις οικονομικές μας αποφάσεις, μπορούμε να επαναπρογραμματίσουμε συνειδητά το μυαλό μας για επιτυχία και ευημερία. Αυτή η διαδικασία περιλαμβάνει την αμφισβήτηση και την αναδιαμόρφωση των περιοριστικών πεποιθήσεων, την καλλιέργεια μιας νοοτροπίας αφθονίας και την ευθυγράμμιση των σκέψεων και των πράξεών μας με τους οικονομικούς μας στόχους.

Καλλιεργώντας μια βαθύτερη κατανόηση των υποσυνείδητων πεποιθήσεών μας και της επιρροής τους στα οικονομικά αποτελέσματα, μπορούμε να ξεκινήσουμε ένα μονοπάτι συνειδητής δημιουργίας πλούτου και ολοκλήρωσης.

Ξεκινήστε γράφοντας όλα όσα σας είπαν ή σας δίδαξαν οι γονείς σας για τα χρήματα και θα αρχίσετε να καταλαβαίνετε ποιες υποσυνείδητες πεποιθήσεις σας κρατούν πίσω.

Αυτή η ενδοσκοπική εξερεύνηση σας επιτρέπει να αξιοποιήσετε τη δύναμη των πεποιθήσεών σας για να εκδηλώσετε οικονομική αφθονία και ευημερία σε ευθυγράμμιση με τις πραγματικές σας επιθυμίες και προσδοκίες, καθώς αποκαλύπτει μια βαθιά σύνδεση μεταξύ της υποσυνείδητης νοοτροπίας σας και της οικονομικής πραγματικότητας.

Εμβαθύνοντας στα βάθη των πεποιθήσεών σας σχετικά με τον πλούτο, την αφθονία και την επιτυχία, μπορείτε να ξεκλειδώσετε το κρυμμένο δυναμικό για οικονομική ανάπτυξη και ευημερία.

Κεφάλαιο 14: Η διασταύρωση της αντίληψης και του πλούτου στην οικονομική πιτυχία

Η ουσία της ενσωμάτωσης της πειθαρχίας και της στρατηγικής σε οικονομικά θέματα έγκειται στην ικανότητα πρόβλεψης πιθανών προκλήσεων, αξιοποίησης ευκαιριών και αποτελεσματικής πλοήγησης στο πολύπλοκο τοπίο της οικονομικής ανάπτυξης.

Μια βασική πτυχή της εφαρμογής της στρατηγικής στις οικονομικές προσπάθειες είναι η έμφαση στον καθορισμό σαφών και εφικτών στόχων. Καθορίζοντας συγκεκριμένους οικονομικούς στόχους και περιγράφοντας έναν οδικό χάρτη για την επίτευξή τους, μπορούμε να χαράξουμε την πορεία προς την επιτυχία.

Ο καθορισμός στρατηγικών στόχων παρέχει κατεύθυνση και αίσθηση σκοπού στη διαχείριση των οικονομικών, επιτρέποντας στους ανθρώπους να διατηρούν την εστίαση και τη δέσμευση στους οικονομικούς τους στόχους.

Επιπλέον, ο στρατηγικός χρηματοοικονομικός σχεδιασμός περιλαμβάνει την αξιολόγηση των κινδύνων και των ευκαιριών, την ανάλυση των τάσεων της αγοράς και τη λήψη τεκμηριωμένων επενδυτικών αποφάσεων.

Μέσω ενδελεχούς έρευνας, μπορούμε να εντοπίσουμε δυνητικούς τομείς ανάπτυξης, να μετριάσουμε τους κινδύνους και να αξιοποιήσουμε τις ευκαιρίες της αγοράς. Οι στρατηγικές επενδυτικές αποφάσεις που βασίζονται σε έγκυρη έρευνα και ανάλυση μπορούν να οδηγήσουν σε βιώσιμη δημιουργία πλούτου και οικονομική σταθερότητα με την πάροδο του χρόνου.

Η ενσωμάτωση του σχεδιασμού έκτακτης ανάγκης στις χρηματοοικονομικές στρατηγικές είναι απαραίτητη για τον μετριασμό απρόβλεπτων περιστάσεων και την εξασφάλιση μακροπρόθεσμης οικονομικής ασφάλειας. Η δημιουργία ταμείων έκτακτης ανάγκης, η ασφαλιστική κάλυψη και τα διαφοροποιημένα επενδυτικά χαρτοφυλάκια αποτελούν στρατηγικά μέτρα για την προστασία από απροσδόκητες αναποδιές και οικονομικές υφέσεις.

Επιπλέον, ο στρατηγικός σχεδιασμός περιλαμβάνει τη συνεχή παρακολούθηση και αξιολόγηση των οικονομικών επιδόσεων, προκειμένου να παρακολουθείται η πρόοδος προς την επίτευξη των στόχων και να γίνονται τυχόν αναγκαίες προσαρμογές.

Η τακτική αξιολόγηση των χρηματοοικονομικών στρατηγικών επιτρέπει την προληπτική λήψη αποφάσεων, τη διόρθωση της πορείας και τη βελτιστοποίηση των πόρων για τη μεγιστοποίηση των αποδόσεων και την ελαχιστοποίηση των κινδύνων.

Διατηρώντας μια δυναμική προσέγγιση στη χρηματοοικονομική διαχείριση, μπορούμε να παραμένουμε ευέλικτοι και να ανταποκρινόμαστε στις αλλαγές στη δυναμική της αγοράς και στις προσωπικές συνθήκες.

Αναπόσπαστο μέρος του στρατηγικού οικονομικού σχεδιασμού είναι η καλλιέργεια μιας νοοτροπίας καινοτομίας και προσαρμοστικότητας. Η υιοθέτηση της καινοτομίας στις χρηματοοικονομικές πρακτικές, η διερεύνηση νέων επενδυτικών ευκαιριών και η ενημέρωση για τις αναδυόμενες τάσεις αποτελούν στρατηγικές ενέργειες που μπορούν να ενισχύσουν την οικονομική ανάπτυξη και διαφοροποίηση.

Παραμένοντας ανοιχτοί σε νέες δυνατότητες και προπορευόμενοι, οι ιδιοκτήτες επιχειρήσεων μπορούν να χρησιμοποιούν την καινοτομία για να οδηγηθούν στην οικονομική επιτυχία και να επωφεληθούν από τις εξελισσόμενες συνθήκες της αγοράς.

Η ενσωμάτωση του στρατηγικού σχεδιασμού στις οικονομικές προσπάθειες είναι το κλειδί για την επίτευξη μακροπρόθεσμης οικονομικής επιτυχίας, βιωσιμότητας και ευημερίας. Υιοθετώντας μια στρατηγική νοοτροπία, θέτοντας σαφείς στόχους, διεξάγοντας ενδελεχή έρευνα, εφαρμόζοντας μέτρα έκτακτης ανάγκης και προωθώντας την καινοτομία, μπορούμε να περιηγηθούμε στο πολύπλοκο οικονομικό τοπίο με αυτοπεποίθηση και σκοπό.

Καθώς προσαρμοζόμαστε στις αλλαγές της αγοράς, οι αντιλήψεις μας αλλάζουν και αποκτούμε την ικανότητα να προβλέπουμε τα μελλοντικά αποτελέσματα, γεγονός που μας βοηθά να ελαχιστοποιούμε τους κινδύνους και να προετοιμαζόμαστε ακόμη και για τα χειρότερα.

Στην πραγματικότητα, η αντίληψη παίζει κεντρικό ρόλο στη διαμόρφωση της αξίας και της σημασίας των χρημάτων στη ζωή μας, καθώς και στη διεύρυνση της ικανότητάς μας να σκεφτόμαστε πέρα από τις τρέχουσες αναποδιές και προκλήσεις. Όμως, ένα από τα μεγαλύτερα λάθη που βλέπω να κάνουν οι άνθρωποι, το οποίο περιγράφει ξεκάθαρα τη νοοτροπία της φτώχειας, είναι ότι προσπαθούν να μετρήσουν τα αποτελέσματα των άλλων με αυτά που κάνουν.

Οι άνθρωποι τείνουν να πιστεύουν ότι το προϊόν καθορίζει την οικονομική επιτυχία ενός ατόμου και υποθέτουν αλαζονικά το δυναμικό πλούτου ενός ατόμου με βάση τις επενδύσεις και τις πεποιθήσεις του, και δεν θα μπορούσαν να κάνουν μεγαλύτερο λάθος, επειδή δεν είναι το προϊόν που καθορίζει τα αποτελέσματα, αλλά η στρατηγική.

Οι άνθρωποι με χαμηλή αίσθηση της αξίας δεν βλέπουν τη στρατηγική σε τίποτα, επειδή συγχέουν τα αποτελέσματα με τα προϊόντα. Γι' αυτό αποτυγχάνουν σε ό,τι κάνουν, επειδή ο τρόπος που σκέφτονται για κάθε ιδέα είναι εξαρχής λάθος.

Η κατανόηση του τρόπου με τον οποίο η αντίληψη διαμορφώνει την έννοια του χρήματος προσφέρει μια εικόνα της πολυπλοκότητας της ανθρώπινης ψυχολογίας, της κοινωνικής δυναμικής και των οικονομικών συστημάτων. Όσο φτωχότερη είναι η κατανόηση της δυναμικής του χρήματος σε μια κοινωνία, τόσο πιο πιθανό είναι να οδεύει προς το συλλογικό της τέλος.

Επιπλέον, η αντίληψη του χρήματος ως απτής αναπαράστασης της αξίας είναι βαθιά ριζωμένη στα πολιτιστικά και κοινωνικά μας πρότυπα και αποτελεί τον τέλειο καθρέφτη της οικονομικής κατάστασης ενός έθνους. Εάν οι πολίτες δεν έχουν καλή αντίληψη για το χρήμα, αυτό θα φανεί στα δικά τους αποτελέσματα και σε εθνικό επίπεδο.

Η κατανόηση του ρόλου της αντίληψης στη διαμόρφωση της στάσης μας απέναντι στο χρήμα μας επιτρέπει να εξετάσουμε νοοτροπίες, πεποιθήσεις και προκαταλήψεις σχετικά με τον πλούτο και την αφθονία, καθώς και να επηρεάσουμε τον τρόπο με τον οποίο αλληλεπιδρούμε με το χρήμα στην καθημερινή μας ζωή και τις κοινωνικές δομές.

Η αντίληψη του χρήματος ως εργαλείου ενδυνάμωσης, ελευθερίας και ευκαιριών μπορεί να οδηγήσει τους ανθρώπους στην αναζήτηση επιχειρηματικών εγχειρημάτων, επενδυτικών ευκαιριών και οικονομικής ανεξαρτησίας. Από την άλλη πλευρά, η αρνητική αντίληψη του χρήματος ως πηγή άγχους, απληστίας ή διαφθοράς μπορεί να εμποδίσει την οικονομική ανάπτυξη και ευημερία.

Συνολικά, οι κοινωνικές αντιλήψεις για το χρήμα συμβάλλουν στην κατασκευή οικονομικών συστημάτων, χρηματοπιστωτικών ιδρυμάτων και προτύπων κατανομής του πλούτου. Η κοινωνική αξία που αποδίδεται στο χρήμα διαμορφώνει τις οικονομικές πολιτικές, τις κοινωνικές ανισότητες και τις δυναμικές εξουσίας εντός των κοινοτήτων.

Η κατανόηση του αντίκτυπου των κοινωνικών αντιλήψεων στις χρηματοοικονομικές δομές είναι το κλειδί για την αντιμετώπιση συστημικών ζητημάτων όπως η εισοδηματική ανισότητα, η φτώχεια και ο οικονομικός αποκλεισμός.

Εν ολίγοις, η αλληλεπίδραση μεταξύ χρήματος και αντίληψης αναδεικνύει την πολύπλοκη σχέση μεταξύ ατομικών πεποιθήσεων, κοινωνικών δομών και οικονομικής πραγματικότητας. Αναγνωρίζοντας την επιρροή της αντίληψης στην αξία και το νόημα του χρήματος, μπορούμε να καλλιεργήσουμε μια θετική νοοτροπία απέναντι στον πλούτο, να ενδυναμώσουμε τους εαυτούς μας ώστε να επιδιώκουμε οικονομικούς στόχους και να συμβάλλουμε στη δημιουργία μιας πιο δίκαιης και ευημερούσας κοινωνίας. Η υιοθέτηση μιας νοοτροπίας που εκτιμά το χρήμα ως εργαλείο ανάπτυξης, αντίκτυπου και ευημερίας μπορεί να οδηγήσει σε ολιστικό μετασχηματισμό σε προσωπικό και κοινωνικό επίπεδο.

Κεφάλαιο 15: Βιώσιμη ευημερία μέσω της διαχείρισης του π λούτου

Η καλλιέργεια μιας νοοτροπίας αφθονίας είναι απαραίτητη για τον επαναπρογραμματισμό της σχέσης σας με το χρήμα. Η υιοθέτηση της έννοιας της αφθονίας και του πλούτου ως εκ γενετής δικαίωμα μπορεί να αποτελέσει ισχυρό καταλύτη για αλλαγή.

Αυτό περιλαμβάνει τη μετατόπιση της εστίασής σας από τη νοοτροπία της έλλειψης σε εκείνη της αφθονίας, από το φόβο στην εμπιστοσύνη στις άπειρες δυνατότητες του σύμπαντος. Ο οραματισμός μιας ζωής οικονομικής ελευθερίας, όπου τα χρήματα ρέουν αβίαστα και οι ευκαιρίες αφθονούν, μπορεί να βοηθήσει στην ευθυγράμμιση των σκέψεων και των ενεργειών για την επίτευξη αυτών των στόχων.

Εν τω μεταξύ, η καλλιέργεια μιας νοοτροπίας ευγνωμοσύνης για την αφθονία που υπάρχει ήδη στη ζωή σας μπορεί επίσης να βοηθήσει στη μετατόπιση της εστίασης από αυτό που λείπει σε αυτό που είναι άφθονο. Η εξάσκηση της γενναιοδωρίας με το να μοιράζεστε τον πλούτο με τους άλλους και να συνεισφέρετε σε σκοπούς που συνάδουν με τις προσωπικές σας αξίες όχι μόνο εμπλουτίζει τη ζωή των άλλων, αλλά και ανοίγει διαύλους για να λάβετε ακόμη περισσότερη αφθονία σε αντάλλαγμα.

Αγκαλιάζοντας την οικονομική ελευθερία ως ένα ολιστικό ταξίδι ενδυνάμωσης, μπορείτε να υπερβείτε τους περιορισμούς, να απελευθερώσετε το πλήρες δυναμικό σας και να δημιουργήσετε μια ζωή αφθονίας και ευημερίας που ευθυγραμμίζεται με τις βαθύτερες επιθυμίες και προσδοκίες σας.

Αυτή η νοοτροπία της αφθονίας σας βοηθά επίσης να καλλιεργήσετε την ανθεκτικότητα, η οποία είναι απαραίτητη για την υπέρβαση των εμποδίων, την προσαρμογή σε απρόβλεπτες προκλήσεις και τη διατήρηση της μακροπρόθεσμης επιτυχίας.

Για να αναπτύξετε δύναμη απέναντι στις αντιξοότητες, υπάρχουν ορισμένες αρχές και πρακτικές που μπορούν να σας καθοδηγήσουν. Πρώτον, είναι απαραίτητο να δημιουργήσετε ένα στέρεο οικονομικό υπόβαθρο. Αυτό περιλαμβάνει την άσκηση συνετού προϋπολογισμού, την ανάπτυξη υγιών συνηθειών αποταμίευσης και την πραγματοποίηση στρατηγικών επενδυτικών επιλογών. Ένα στέρεο θεμέλιο παρέχει ένα δίχτυ ασφαλείας έναντι απροσδόκητων οικονομικών σοκ, επιτρέποντάς σας να αντιμετωπίσετε τις καταιγίδες πιο εύκολα.

Είναι επίσης σημαντικό να αγκαλιάζετε τον κίνδυνο και την καινοτομία στις οικονομικές σας προσπάθειες. Η ανάληψη υπολογισμένων κινδύνων και η εξερεύνηση καινοτόμων στρατηγικών μπορεί να οδηγήσει σε ανάπτυξη και επιτυχία. Το να βγαίνετε από τη ζώνη άνεσής σας, να είστε ανοιχτοί σε νέες ευκαιρίες και να προσαρμόζεστε στις αλλαγές της αγοράς είναι απαραίτητο για να ευδοκιμήσετε σε ένα δυναμικό οικονομικό τοπίο.Πρέπει επίσης να αναπτύξετε τις δεξιότητες αποτελεσματικής διαχείρισης του άγχους, της αβεβαιότητας και των αποτυχιών, καθώς αυτό θα αυξήσει την ικανότητά σας να λαμβάνετε ορθές αποφάσεις υπό πίεση.

Η εκμάθηση της ρύθμισης των συναισθημάτων σας και της αποτελεσματικής επικοινωνίας μπορεί να αυξήσει την ανθεκτικότητά σας σε δύσκολες οικονομικές καταστάσεις.

Είναι ευκολότερο να καλλιεργήσετε αυτές τις δεξιότητες όταν ενημερώνεστε για τις τάσεις της αγοράς, αγκαλιάζετε τις νέες τεχνολογίες και διερευνάτε καινοτόμες χρηματοοικονομικές στρατηγικές που μπορούν να σας βοηθήσουν να προσαρμοστείτε στις μεταβαλλόμενες συνθήκες και να επωφεληθείτε από νέες ευκαιρίες ανάπτυξης.

Γι' αυτό πρέπει να περιβάλλετε τον εαυτό σας με μέντορες, συμβούλους και συναδέλφους που μπορούν να σας προσφέρουν καθοδήγηση, προοπτική και ενθάρρυνση σε δύσκολες στιγμές. Η καλλιέργεια σχέσεων που βασίζονται στην εμπιστοσύνη, τη συνεργασία και την αμοιβαία ενδυνάμωση αναπτύσσει την οικονομική ανθεκτικότητα και την επινοητικότητα.

Η ευελιξία και η προσαρμοστικότητα είναι τα κύρια χαρακτηριστικά των οικονομικά ανθεκτικών ατόμων, που τους επιτρέπουν να προσαρμόζουν εύκολα τις οικονομικές στρατηγικές και τους στόχους τους ανάλογα με τις μεταβαλλόμενες συνθήκες.

Αυτή η προσαρμοστικότητα είναι το κλειδί, καθώς σας επιτρέπει να δημιουργήσετε μια διαρκή κληρονομιά που θα διατρέχει τις γενιές. Η βιώσιμη διαχείριση του πλούτου έχει τις ρίζες της σε ένα σύνολο θεμελιωδών αρχών και ενεργειών που αποτελούν τη βάση για τη διασφάλιση της συνεχούς μεταβίβασης του πλούτου με την πάροδο του χρόνου.Στο επίκεντρο της βιώσιμης διαχείρισης πλούτου βρίσκεται η στρατηγική κατανομή των περιουσιακών στοιχείων, μια θεμελιώδης αρχή που περιλαμβάνει τη δημιουργία ενός προσεκτικά προσαρμοσμένου σχεδίου που ευθυγραμμίζεται με τους οικονομικούς σας στόχους, την ανοχή στον κίνδυνο και τον χρονικό σας ορίζοντα. Με την έξυπνη διαφοροποίηση των επενδύσεων σε μια σειρά από κατηγορίες περιουσιακών στοιχείων, μπορείτε να μειώσετε αποτελεσματικά τους κινδύνους και να βελτιστοποιήσετε τις αποδόσεις μακροπρόθεσμα, δημιουργώντας μια σταθερή οικονομική βάση για το μέλλον.

Η συμπληρωματική στρατηγική κατανομή των περιουσιακών στοιχείων αποτελεί το βασικό στοιχείο του μακροπρόθεσμου χρηματοοικονομικού σχεδιασμού, απαραίτητο συστατικό των ολιστικών στρατηγικών διαχείρισης του πλούτου.

Δημιουργώντας προσεκτικά έναν ολοκληρωμένο οικονομικό οδικό χάρτη που περιλαμβάνει τον προγραμματισμό συνταξιοδότησης, τη διάρθρωση της περιουσίας, τη φορολογική βελτιστοποίηση και τις τακτικές διατήρησης του πλούτου, μπορείτε να ανοίξετε το δρόμο για ένα ασφαλές οικονομικό μέλλον και να εξασφαλίσετε τη δημιουργία μιας διαρκούς κληρονομιάς για τις επόμενες γενιές.Στον τομέα της βιώσιμης διαχείρισης του πλούτου, η ενσωμάτωση των επενδύσεων αντίκτυπου και της κοινωνικής ευθύνης αναδεικνύεται σε κινητήρια δύναμη, αναδιαμορφώνοντας τα επενδυτικά παραδείγματα με ένα ήθος συνειδητού καπιταλισμού. Η υιοθέτηση αυτών των αρχών όχι μόνο ευθυγραμμίζει τις επενδύσεις με τις προσωπικές αξίες, αλλά και υποστηρίζει πρωτοβουλίες που προάγουν την περιβαλλοντική βιωσιμότητα, προωθούν τη θετική κοινωνική αλλαγή και παράγουν οικονομικές αποδόσεις με αντίκτυπο, ενσωματώνοντας έναν αρμονικό συνδυασμό κέρδους και σκοπού.Εξίσου θεμελιώδης για τη βιώσιμη διαχείριση του πλούτου είναι η πτυχή της διαχείρισης κινδύνων και του σχεδιασμού έκτακτης ανάγκης, η οποία χρησιμεύει ως προπύργιο έναντι απρόβλεπτων αντιξοοτήτων που θα μπορούσαν να απειλήσουν την οικονομική σταθερότητα. Εφαρμόζοντας προληπτικά ισχυρές στρατηγικές μετριασμού των κινδύνων και σχέδια έκτακτης ανάγκης για την αντιμετώπιση των διακυμάνσεων της αγοράς, των οικονομικών αβεβαιοτήτων ή των προσωπικών κρίσεων, μπορείτε να προστατεύσετε τον πλούτο σας και να διατηρήσετε διαρκή οικονομική σταθερότητα μπροστά στις προκλήσεις.Η εφαρμογή της κατάλληλης και βιώσιμης διαχείρισης του πλούτου επιτρέπει τη μεταβίβαση του πλούτου μεταξύ των γενεών, προαναγγέλλοντας μια στρατηγική προσέγγιση για τη διασφάλιση της απρόσκοπτης συνέχειας των περιουσιακών στοιχείων και των αξιών μεταξύ των οικογενειακών γραμμών.

Χρησιμοποιώντας εργαλεία όπως καταπιστεύματα, διαθήκες και δομές οικογενειακής διακυβέρνησης, μπορείτε να ενορχηστρώσετε τη μεταβίβαση του πλούτου με ακρίβεια και προνοητικότητα, προωθώντας μια κληρονομιά υπεύθυνης διαχείρισης και ευημερίας μεταξύ των γενεών. Και εξοπλίζοντας τις μελλοντικές γενιές με τις γνώσεις και τις δεξιότητες που απαιτούνται για την πλοήγηση στις πολυπλοκότητες της λήψης οικονομικών αποφάσεων, μπορείτε να φυτέψετε τους σπόρους της διαρκούς οικονομικής οξυδέρκειας και ανθεκτικότητας για τους άλλους, διαιωνίζοντας μια κληρονομιά ενημερωμένης διαχείρισης και βιώσιμης ευημερίας.

Κεφάλαιο 16: Κοινωνικές αξίες και ατομική επιτυχία στην παγκόσμια ο ικονομία

Η αξία που αποδίδεται στο χρήμα ποικίλλει από κοινωνία σε κοινωνία, περιλαμβάνοντας παραδοσιακές πεποιθήσεις, σύγχρονες τάσεις και εξελισσόμενες οικονομικές δυναμικές που διαμορφώνουν τις αντιλήψεις για τον πλούτο και την οικονομική επιτυχία και επηρεάζουν την κατανομή του πλούτου, την πρόσβαση σε ευκαιρίες και την οικονομική κινητικότητα σε μια κοινότητα.

Μπορεί να έχετε περισσότερες ευκαιρίες σε μια χώρα από μια άλλη, όχι απαραίτητα επειδή ένα έθνος είναι πλουσιότερο από ένα άλλο, αλλά επειδή οι δεξιότητες, οι ιδέες και τα ταλέντα σας εκτιμώνται και πληρώνονται περισσότερο σε ένα μέρος από ένα άλλο.

Πολλοί καλλιτέχνες θα πετύχαιναν την επιτυχία αν ήξεραν πώς να την επιδιώξουν αντί να την εξαναγκάσουν. Το ίδιο ισχύει και για τους συγγραφείς που επιμένουν σε μια συγκεκριμένη γλώσσα αντί να εξετάζουν μια ποικιλία πολιτιστικών και γλωσσικών επιλογών. Και στις επιχειρήσεις επίσης, είναι πιο πιθανό να πετύχετε σε αυτό που κάνετε αν επιλέξετε το κατάλληλο περιβάλλον γι' αυτό.

Για παράδειγμα, ένας από τους πλουσιότερους αρτοποιούς που γνώρισα ήταν μόνο μέσος όρος στη Γαλλία, αλλά έκανε γρήγορα ολόκληρη την περιουσία του στη Σαγκάη, και δεν χρειάστηκε καν να αλλάξει κάτι, απλώς συνέχισε να κάνει αυτό που έκανε, δηλαδή να φτιάχνει κρουασάν, ψωμί και άλλα αρτοσκευάσματα. Δεν ήταν καν ένας έξυπνος επιχειρηματίας, αλλά ήταν στο σωστό μέρος για να πραγματοποιήσει τα όνειρά του και μάλιστα παντρεύτηκε μια ντόπια γυναίκα.

Τα κοινωνικά συστήματα αξιών υπαγορεύουν την κατανομή των πόρων, την αναγνώριση των ατομικών συνεισφορών και την ιεράρχηση των οικονομικών δραστηριοτήτων που συνάδουν με τις συλλογικές αξίες και στόχους. Από την άλλη πλευρά, οι ανισότητες στην κατανομή του πλούτου αντικατοπτρίζουν συχνά υποκείμενες κοινωνικές ιεραρχίες, δομές εξουσίας και ιστορικές κληρονομιές που επηρεάζουν τα οικονομικά αποτελέσματα και την κοινωνική συνοχή.

Η αξία σας ως άτομο δεν καθορίζεται από τις αντιλήψεις των άλλων, αλλά από τη θέση σας. Όποιο κι αν είναι το ταλέντο σας και όποιο όνειρο θέλετε να υλοποιήσετε, υπάρχει σίγουρα μια θέση γι' αυτό, αλλιώς το όνειρο δεν θα ερχόταν σε εσάς και δεν θα είχατε το ταλέντο να το υλοποιήσετε.

Γι' αυτό λέω στους οπαδούς μου να μην ανησυχούν για το άγνωστο, γιατί δεν χρειάζεται να ξέρετε πού ή πότε θα εκδηλωθεί το ταλέντο σας πριν δουλέψετε πάνω σε αυτό.

Καθώς εξελίσσεστε προς το ιδανικό όνειρο στο μυαλό σας, τα απαραίτητα στοιχεία θα εκδηλωθούν για εσάς. Η γη, η πόλη και οι άνθρωποι θα έρθουν σε σας.

Αυτό δεν σημαίνει ότι πρέπει να μείνετε για πάντα στην πόλη που θα βρείτε, αλλά απλώς ότι υπάρχει το κατάλληλο μέρος για τα πάντα, για κάθε μάθημα και για κάθε αναγκαία αλλαγή. Είναι επίσης αλήθεια ότι δεν αποτυγχάνεις σε αυτό που κάνεις όσο οι άνθρωποι που συναντάς στην πορεία.

Το να περνάς χρόνο με τους σωστούς ανθρώπους μπορεί να είναι θεμελιώδες για να πετύχεις τους στόχους σου στη ζωή. Αλλά το να τους βρεις δεν είναι τόσο σημαντικό όσο το να μάθεις σε τι είδους ανθρώπους πρέπει να λες όχι.

Πριν μπορέσετε να βρείτε τους σωστούς ανθρώπους, πρέπει να μάθετε να είστε μόνοι σας και να λέτε όχι στους πολλούς λάθος ανθρώπους που έρχονται στο δρόμο σας.

Με τον ίδιο τρόπο, πριν μπορέσετε να βρείτε το δρόμο σας στη ζωή, πρέπει να αποτύχετε και να υπομείνετε την απογοήτευση που σας προκαλεί το να ακολουθείτε λάθος μονοπάτια.

Τα συστήματα αξιών μιας κοινωνίας διαμορφώνουν τις ατομικές φιλοδοξίες, τα κίνητρα και τις στάσεις απέναντι στο χρήμα, επηρεάζοντας την προσωπική οικονομική διαχείριση, τις επιλογές καριέρας και τις προτιμήσεις του τρόπου ζωής που αντανακλούν τους κανόνες και τις προσδοκίες της κοινωνίας, καθώς και τον τρόπο με τον οποίο τα άτομα σε αυτές τις κοινωνίες αντιλαμβάνονται τους άλλους και τον εαυτό τους.

Η εξέταση των κοινωνικών συστημάτων αξιών που σχετίζονται με το χρήμα αποκαλύπτει την πολύπλοκη αλληλεπίδραση μεταξύ του πολιτισμού, της οικονομίας και της ανθρώπινης συμπεριφοράς, επιτρέποντάς σας να αξιολογήσετε σωστά τις δυνατότητές σας μέσα σε αυτή τη δυναμική. Η κατανόηση του τρόπου με τον οποίο οι κοινωνικές αξίες επηρεάζουν την έννοια του χρήματος ρίχνει φως στην πολυπλοκότητα της κατανομής του πλούτου, της οικονομικής ανάπτυξης και της κοινωνικής συνοχής στις κοινότητες.

Μπορεί να μην κάνετε φίλους σε κοινωνίες που δεν μοιράζονται τις αξίες σας, αλλά δεν θα νιώσετε ποτέ μόνοι σε εκείνες που τις μοιράζονται. Γι' αυτό, αν και δυσκολεύτηκα να κάνω μια φυσιολογική συζήτηση με τους πολλούς ηλίθιους που γνώρισα στην Ευρώπη, συμπεριλαμβανομένων των πολλών βορειοαμερικανών νομάδων που συνάντησα εκεί, βρίσκω εύκολο να κάνω φίλους στις ασιατικές χώρες.

Η σοφία απλώς δεν είναι κάτι που ανήκει στη Δύση, αλλά στην Ανατολή. Η αποδοχή αυτής της πραγματικότητας με διευκόλυνε να βελτιώσω τη ζωή μου, την ευημερία μου, να γράψω περισσότερα βιβλία, να επιτύχω μεγαλύτερη οικονομική επιτυχία και ακόμη και να βρω την αδελφή ψυχή μου.

Δεν χρειάζεται να απολογείστε για τις επιλογές της ζωής σας, εκτός αν αισθάνεστε ότι χρωστάτε το μέλλον σας στο παρελθόν σας και στους ανθρώπους που γνωρίσατε εκεί. Συχνά, η αποδοχή της πραγματικότητας που έχετε μπροστά σας και της αρνητικότητάς της είναι το πρώτο βήμα προς την αναγνώριση της ανάγκης να αλλάξετε τοποθεσία και να βρείτε αλλού την επιτυχία.

Κεφάλαιο 17: Δημιουργία πλούτου και επιχειρηματικότητα στην ψηφιακή ποχή

Η ανάπτυξη των συστημάτων πληρωμών μέσω κινητών τηλεφώνων και των ηλεκτρονικών πορτοφολιών έχει μεταμορφώσει τον τρόπο με τον οποίο οι άνθρωποι πραγματοποιούν καθημερινές συναλλαγές, από την αγορά αγαθών και υπηρεσιών έως τη μεταφορά χρημάτων και τη διαχείριση των προσωπικών οικονομικών από οπουδήποτε στον κόσμο, καθιστώντας πολύ εύκολη και προσιτή τη μετακίνηση του καθενός από το ένα μέρος του πλανήτη στο άλλο. Σήμερα μπορούμε να αποκαλούμε αυτά τα άτομα νομάδες, αλλά μόνο επειδή οι μάζες δεν έχουν μάθει να εξομαλύνουν αυτή τη δυναμική και παραμένουν κολλημένες στα προηγούμενα κοινωνικά στάδια, δηλαδή στα αγροτικά και βιομηχανικά.

Έχουμε εισέλθει στο μεταβιομηχανικό στάδιο της κοινωνίας, το οποίο άρχισε να αναδύεται στα τέλη του 20ού αιώνα και συνεχίζει να εξελίσσεται μέχρι σήμερα. Ωστόσο, αν και η σημερινή κοινωνία συχνά αποκαλείται μεταβιομηχανική κοινωνία λόγω της μετατόπισης από τις οικονομίες που βασίζονται στη μεταποίηση στις οικονομίες που βασίζονται στις υπηρεσίες, ο συνεχώς αυξανόμενος ρόλος της τεχνολογίας και της πληροφορίας στην καθημερινή ζωή μας οδηγεί σε ένα εντελώς νέο στάδιο.

Αυτό το νέο κοινωνικό στάδιο χαρακτηρίζεται από τις εφαρμογές πληρωμών μέσω κινητών τηλεφώνων, τις επιλογές ανέπαφων πληρωμών και τα ψηφιακά πορτοφόλια, τα οποία έχουν απλοποιήσει τη διαδικασία συναλλαγών, επιτρέποντας στους χρήστες να πληρώνουν άνετα με τα smartphones, τα tablets ή τις φορητές συσκευές τους. Η ευκολία, η ταχύτητα και η προσβασιμότητα των συναλλαγών μέσω κινητών τηλεφώνων έχουν αναδιαμορφώσει τη συμπεριφορά των καταναλωτών και τις πρακτικές των εμπόρων στην ψηφιακή εποχή, ξεπερνώντας τα ψηφιακά νομίσματα και τις πληρωμές μέσω κινητών τηλεφώνων και φτάνοντας στο πεδίο του ηλεκτρονικού εμπορίου, των διαδικτυακών αγορών και των εικονικών περιουσιακών στοιχείων.

Αυτά τα χαρακτηριστικά έχουν διευκολύνει τις ηλεκτρονικές αγορές, γεγονός που με τη σειρά του διευκόλυνε την εμφάνιση των ηλεκτρονικών επιχειρήσεων και άνοιξε έναν απεριόριστο ορίζοντα όσον αφορά την ανάγκη ανάπτυξης εφαρμογών που σχετίζονται με το μάρκετινγκ και τη διαχείριση προϊόντων.

Σήμερα, κάθε έφηβος με πρόσβαση στο Διαδίκτυο μπορεί να ξεκινήσει μια ηλεκτρονική επιχείρηση και να πουλήσει πρακτικά οτιδήποτε από οπουδήποτε στον κόσμο. Οι διαθέσιμες μέθοδοι είναι πολυάριθμες και έχουν γίνει τόσο απλές που ο καθένας μπορεί να πλουτίσει χρησιμοποιώντας μόνο έναν υπολογιστή ή ένα smartphone.

Ο πολλαπλασιασμός των διαδικτυακών πλατφόρμων αγορών, των ψηφιακών αγορών και των εικονικών αγαθών έχει θολώσει τα όρια μεταξύ φυσικών και ψηφιακών συναλλαγών, δημιουργώντας νέους δρόμους για οικονομική συμμετοχή, ανταλλαγή αξιών και δημιουργία πλούτου. Ο καθένας μπορεί να γίνει επιχειρηματίας σήμερα, το μόνο που χρειάζεται είναι η θέληση να το κάνει.

Υπάρχουν τόσες πολλές ευκαιρίες που δεν χρειάζεστε καν μια ιδέα. Υπάρχουν πολλά προϊόντα που μπορούν να πωληθούν με οποιοδήποτε εμπορικό σήμα, και ένα εμπορικό σήμα δεν είναι τίποτα περισσότερο από μια λέξη.

Το μέλλον των οικονομικών μας συστημάτων έγκειται στη σύγκλιση των τεχνολογικών καινοτομιών, των ρυθμιστικών δομών και των προτιμήσεων των καταναλωτών που διαμορφώνουν το τοπίο των οικονομικών αλληλεπιδράσεων. Αλλά και οι πολιτισμικές στάσεις απέναντι στο χρήμα επηρεάζουν τις καταναλωτικές συνήθειες, τις πρακτικές αποταμίευσης και τις επενδυτικές αποφάσεις σε όλο τον κόσμο.

Ορισμένοι πολιτισμοί δίνουν προτεραιότητα στη συλλογική ευημερία και την κοινοτική υποστήριξη έναντι της συσσώρευσης ατομικού πλούτου, ενώ άλλοι δίνουν έμφαση στην προσωπική οικονομική επιτυχία και τα υλικά αγαθά ως δείκτες ολοκλήρωσης και ευτυχίας.

Η διερεύνηση των παγκόσμιων προοπτικών για το χρήμα αποκαλύπτει ένα μωσαϊκό αξιών, πεποιθήσεων και πρακτικών που διέπουν τις οικονομικές συμπεριφορές και τις οικονομικές αλληλεπιδράσεις σε διαφορετικά πολιτισμικά περιβάλλοντα. Με τη διερεύνηση της πολύπλευρης φύσης του χρήματος σε παγκόσμιο πλαίσιο, μπορούμε να αποκτήσουμε βαθύτερη κατανόηση της διασύνδεσης των οικονομιών, των πολιτισμών και των ανθρώπινων εμπειριών σε έναν ολοένα και πιο διασυνδεδεμένο κόσμο.

Το χρήμα διαδραματίζει σημαντικό ρόλο στη συμβολή στην προσωπική ολοκλήρωση και ικανοποίηση, διασταυρούμενο με διάφορες πτυχές της ανθρώπινης εμπειρίας και ευημερίας, αλλά η σχέση μεταξύ χρήματος και ολοκλήρωσης περιλαμβάνει όχι μόνο την υλική αφθονία, αλλά και πνευματικές, συναισθηματικές και σχεσιακές εκτιμήσεις που διαμορφώνουν την αίσθηση ικανοποίησης και τη συνολική ποιότητα ζωής ενός ατόμου.

Η επιδίωξη της προσωπικής ολοκλήρωσης μέσω των χρημάτων συχνά αντανακλά βαθύτερες επιθυμίες για ασφάλεια, ελευθερία και αυτοπραγμάτωση. Τα χρήματα θεωρούνται ως μέσο για την ικανοποίηση βασικών αναγκών, την παροχή άνεσης και τη δημιουργία ευκαιριών για ανάπτυξη και αυτοέκφραση. Είναι όμως λάθος να επιδιώκουμε μια ζωή αφθονίας προκειμένου να ενισχύσουμε την αυτοεκτίμησή μας;

Όλα εξαρτώνται από το πόσο μπορείτε να αντέξετε αν νιώθετε χαμένοι όταν η κοινωνία επιμένει ότι τα χρήματα καθορίζουν την αξία των στρατηγικών και των σχεδίων σας για το μέλλον.

Για παράδειγμα, για πολλά χρόνια με αποκαλούσαν τρελό οι άνθρωποι που δεν πίστευαν ότι θα μπορούσα να πετύχω ως συγγραφέας. Αυτή η στάση απέναντι στα αποτελέσματά μου εξακολουθεί να υφίσταται μέχρι σήμερα, επειδή πολλοί άνθρωποι δεν πιστεύουν ότι θα έκανα αυτό που ήδη κάνω για να ζήσω.

Οι περισσότεροι άνθρωποι δεν θα πιστέψουν στις ιδέες σας πριν γίνετε επιτυχημένοι και μπορεί να μην πιστέψουν σε αυτές αφού γίνετε επιτυχημένοι, προτιμώντας να σας χαρακτηρίσουν εγκληματία και ψεύτη.

Παρόλο που πολλοί άνθρωποι επιδιώκουν την οικονομική σταθερότητα και την αφθονία ως έναν τρόπο να επιτύχουν τους στόχους τους, να ακολουθήσουν τα πάθη τους και να έχουν μια αίσθηση ολοκλήρωσης και ικανοποίησης στη ζωή, αυτό μπορεί να συμβεί μετά από πολλά χρόνια αγώνα, απογοήτευσης και απογοήτευσης, οπότε δεν θα βιώσετε την ευτυχία μέχρι να νιώσετε άνετα με τη δυστυχία.

Δεν θα βιώσετε τον πλούτο μέχρι να βολευτείτε με τη φτώχεια. Μερικοί από τους πιο επιτυχημένους επιχειρηματίες που γνωρίζω πέρασαν χρόνια ακραίας φτώχειας και πείνας.

Κεφάλαιο 18: Καλλιεργώντας μια θετική σχέση με τα χ ρήματα

Η καλλιέργεια μιας θετικής σχέσης με τα χρήματα περιλαμβάνει την ευθυγράμμιση των οικονομικών στόχων με τις προσωπικές αξίες, τις ηθικές εκτιμήσεις και μια ευρύτερη αίσθηση του σκοπού και του νοήματος της ζωής.

Όσοι βλέπουν τα χρήματα ως εργαλείο για να βελτιώσουν την ευημερία τους, να συμβάλουν στο γενικότερο καλό και να υποστηρίξουν τον σκοπό της ζωής τους τείνουν να βιώνουν μια βαθύτερη αίσθηση ολοκλήρωσης και ικανοποίησης.

Ο αντίκτυπος των χρημάτων στην προσωπική ολοκλήρωση είναι αλληλένδετος με τη συναισθηματική ευημερία, την ψυχική υγεία και τη δυναμική των σχέσεων. Οι οικονομικές προκλήσεις, τα χρέη και η έλλειψη μπορούν να οδηγήσουν σε άγχος, ανησυχία και αισθήματα ανεπάρκειας που υπονομεύουν την αίσθηση ολοκλήρωσης και εσωτερικής γαλήνης του ατόμου.

Από την άλλη πλευρά, η οικονομική ασφάλεια, η αφθονία και οι σοφές πρακτικές διαχείρισης χρημάτων μπορούν να ενισχύσουν την αίσθηση εμπιστοσύνης, ενδυνάμωσης και συναισθηματικής ισορροπίας, αυξάνοντας τη συνολική ικανοποίηση από τη ζωή και την ευημερία.

Η αναζήτηση της ολοκλήρωσης μέσω των χρημάτων περιλαμβάνει επίσης την εξισορρόπηση των υλικών επιθυμιών με την πνευματική ανάπτυξη, τη συμμετοχή στην κοινότητα και τη συνεισφορά στην κοινωνία.

Οι άνθρωποι που βλέπουν τα χρήματα ως εργαλείο για τη δημιουργία θετικών αλλαγών, την υποστήριξη ουσιαστικών σκοπών και την καλλιέργεια σχέσεων τείνουν να έχουν μια βαθύτερη αίσθηση ολοκλήρωσης και σκοπού στις οικονομικές τους δραστηριότητες. Η εύρεση αρμονίας μεταξύ της οικονομικής επιτυχίας και της ολιστικής ευημερίας περιλαμβάνει την ενσωμάτωση των οικονομικών στόχων με την προσωπική ανάπτυξη, την κοινωνική ευθύνη και τις πνευματικές αρχές για τη δημιουργία μιας ζωής με νόημα και ικανοποίηση.

Η διερεύνηση της σχέσης μεταξύ χρημάτων και προσωπικής ολοκλήρωσης αποκαλύπτει την πολυδιάστατη φύση του πλούτου και της ευημερίας. Αναγνωρίζοντας το χρήμα ως πόρο για την κάλυψη υλικών και μη υλικών αναγκών, μπορούμε να καλλιεργήσουμε μια ισορροπημένη προσέγγιση στην οικονομική διαχείριση που ευθυγραμμίζει τους οικονομικούς μας στόχους με τις αξίες, τις προσδοκίες και το συνολικό όραμα μιας ικανοποιητικής ζωής.

Τα χρήματα, όταν χρησιμοποιούνται με περίσκεψη και πρόθεση, έχουν τη δυνατότητα να αυξήσουν την προσωπική ολοκλήρωση, να προωθήσουν την ευτυχία και να συμβάλουν σε μια ζωή με νόημα, χαρά και ικανοποίηση.

Η καλλιέργεια μιας νοοτροπίας πλούτου περιλαμβάνει την ευθυγράμμιση των συναισθημάτων, των πεποιθήσεων, των στάσεων και των συμπεριφορών του ατόμου με τις αρχές της αφθονίας, της επιτυχίας και της δημιουργίας πλούτου, προκειμένου να εκδηλωθούν τα επιθυμητά οικονομικά αποτελέσματα.

Όταν πιστεύουμε ότι οι προσπάθειές μας είναι για το γενικότερο καλό, είναι πιο πιθανό να αισθανόμαστε ικανοποιημένοι, ευτυχισμένοι και αφοσιωμένοι στη δημιουργία πλούτου.

Αντί να επικεντρώνονται αποκλειστικά στο προσωπικό κέρδος, τα άτομα με νοοτροπία πλούτου δίνουν προτεραιότητα στη δημιουργία αξίας για τους άλλους μέσω προϊόντων ή υπηρεσιών που ικανοποιούν συγκεκριμένες ανάγκες και επιθυμίες. Με την κατανόηση της δυναμικής της αγοράς, τον εντοπισμό ευκαιριών και την προσφορά εξαιρετικής αξίας, μπορούμε να αποκομίσουμε οικονομικά οφέλη και να οικοδομήσουμε βιώσιμο πλούτο σε βάθος χρόνου.

Ταυτόχρονα, δεν μπορεί να υποτιμηθεί η σημασία της αυτοπεποίθησης και της θετικής αυτο-ομιλίας στην καλλιέργεια μιας νοοτροπίας πλούτου. Η ισχυρή πίστη στις ικανότητές σας, στην αξία της οικονομικής σας επιτυχίας και στην ικανότητά σας να επιτύχετε τους στόχους σας αποτελεί ισχυρό μοχλό δημιουργίας πλούτου.

Η αυτοπεποίθηση ενδυναμώνει τους ανθρώπους να αναλαμβάνουν υπολογισμένους κινδύνους, να εκμεταλλεύονται τις ευκαιρίες και να επιμένουν μπροστά στις προκλήσεις.Η θετική αυτο-ομιλία παίζει επίσης βασικό ρόλο στη διαμόρφωση της νοοτροπίας ενός ατόμου προς την αφθονία. Αντικαθιστώντας τις αρνητικές σκέψεις και τις περιοριστικές πεποιθήσεις με επιβεβαιώσεις επιτυχίας, αφθονίας και ευημερίας, μπορούμε να επαναπρογραμματίσουμε το υποσυνείδητο μυαλό ώστε να υποστηρίζει τους οικονομικούς μας στόχους.

Αυτή η αλλαγή νοοτροπίας μπορεί να έχει βαθύτατο αντίκτυπο στις συμπεριφορές, τις στάσεις και τις πράξεις, οδηγώντας μας τελικά στην οικονομική επιτυχία.Η διατήρηση μιας νοοτροπίας πλούτου είναι κάτι περισσότερο από τη συσσώρευση χρημάτων. Πρόκειται για την υιοθέτηση ενός συνόλου πεποιθήσεων, στάσεων και συμπεριφορών που συνάδουν με τις αρχές της αφθονίας, της επιτυχίας και της ευημερίας. Καλλιεργώντας μια νοοτροπία που έχει τις ρίζες της στη δημιουργία αξίας, την πειθαρχία, την υπευθυνότητα, την αυτοπεποίθηση και την εμπιστοσύνη στις αποφάσεις μας, μπορούμε να τοποθετηθούμε για μακροπρόθεσμη οικονομική αφθονία, ολοκλήρωση και δημιουργία πλούτου.

Κεφάλαιο 19: Η αλληλεπίδραση μεταξύ της οικονομικής ευημερίας και της ψυχικής υγείας

Η βαθιά σύνδεση μεταξύ της οικονομικής ευημερίας και της ψυχικής υγείας δεν μπορεί να αγνοηθεί. Πρέπει να υιοθετήσουμε μια ολοκληρωμένη προσέγγιση για την οικονομική ευημερία που περιλαμβάνει την ψυχολογική ανθεκτικότητα, τη συναισθηματική ευημερία και την ευαισθητοποίηση σε θέματα ψυχικής υγείας.

Το βάρος των οικονομικών προκλήσεων, του χρέους και της οικονομικής αβεβαιότητας μπορεί να συμβάλει σημαντικά σε αισθήματα άγχους, κατάθλιψης και συναισθηματικής δυσφορίας, τα οποία επηρεάζουν την παραγωγικότητά μας και την ικανότητά μας να λαμβάνουμε αποτελεσματικές αποφάσεις.

Είναι σκόπιμο να εξετάζεται η ανάγκη για υπηρεσίες υποστήριξης της ψυχικής υγείας και συμβουλευτικής όταν αντιμετωπίζετε οικονομικό άγχος ή συναισθηματικές προκλήσεις.

Πολλοί από τους επιτυχημένους οπαδούς μου αναζήτησαν τις υπηρεσίες coaching μου όταν αισθάνονταν στα χειρότερά τους και δεν είχαν καμία προοπτική για το τι να κάνουν με τη ζωή τους, χρόνια πριν επιτύχουν την επιτυχία.

Η διαβούλευση με επαγγελματίες ψυχικής υγείας, προπονητές ζωής, θεραπευτές ή συμβούλους μπορεί να σας βοηθήσει να αναπτύξετε στρατηγικές αντιμετώπισης, δεξιότητες ανθεκτικότητας και πρακτικές συναισθηματικής ευεξίας που υποστηρίζουν το οικονομικό σας ταξίδι.

Είστε υπεύθυνοι για τις πράξεις σας και για την αναζήτηση βοήθειας από εκείνους που μπορούν να σας βοηθήσουν, αλλά η μάθηση από άλλους σχετικά με το πώς να ξεπερνάτε τις συναισθηματικές δυσκολίες μπορεί να σας δώσει την ανθεκτικότητα και την αυτογνωσία για να παίρνετε καλύτερες οικονομικές αποφάσεις και να διαχειρίζεστε αποτελεσματικά τη δυναμική των σχέσεων.

Θα πρέπει επίσης να ασχολείστε με πρακτικές αυτοφροντίδας και τεχνικές μείωσης του στρες, δίνοντας προτεραιότητα σε δραστηριότητες που προάγουν τη χαλάρωση, την ενσυνειδητότητα, τη σωματική υγεία και τη συναισθηματική ισορροπία.

Ορισμένες από αυτές τις δραστηριότητες μπορεί να περιλαμβάνουν τη συμμετοχή σε κοινότητες υποστήριξης, δίκτυα ομοτίμων ή ομάδες υπεράσπισης της ψυχικής υγείας. Συνδεόμενοι με άλλους που κατανοούν την εμπειρία σας, μπορείτε να καλλιεργήσετε την ενσυναίσθηση, την κοινή κατανόηση και την αμοιβαία υποστήριξη που συμβάλλουν στην ευαισθητοποίηση για την ψυχική υγεία και την οικονομική ανθεκτικότητα.

Ο συνδυασμός αυτών των στρατηγικών θα σας επιτρέψει να αντιμετωπίσετε τις οικονομικές προκλήσεις με ανθεκτικότητα, συμπόνια και ψυχική διαύγεια.

Καθώς αναπτύσσουμε μια ανώτερη σοφία σχετικά με τα χρήματα, κατανοούμε τη μεταμορφωτική δύναμη της κυριαρχίας των συναισθημάτων μας σχετικά με τα χρήματα. Αντί να εξαναγκάζουμε τους εαυτούς μας σε μονοπάτια που αρνούνται την ατομικότητά μας, επιδιώκουμε μια αυτοθεραπευτική προσέγγιση για τον επαναπρογραμματισμό των πεποιθήσεων και των στάσεών μας απέναντι στον πλούτο.

Αυτή η προσέγγιση για τη ζωή και το χρήμα δίνει έμφαση σε ηθικές εκτιμήσεις σε οικονομικά θέματα και αποσαφηνίζει την άρρηκτη σχέση μεταξύ της οικονομικής επιτυχίας, της πνευματικής ωριμότητας και της ψυχολογικής ευημερίας.

Επιδιώκοντας μια ζωή οικονομικής αφθονίας, καλούμαστε να ευθυγραμμίσουμε τις οικονομικές μας φιλοδοξίες με τις βαθύτερες προσωπικές μας αξίες και να καλλιεργήσουμε μια νοοτροπία αφθονίας που υπερβαίνει την απλή συσσώρευση πλούτου.

Καθώς εμβαθύνουμε στην περίπλοκη σχέση μεταξύ χρήματος και συναισθημάτων, καταλαβαίνουμε πώς η συναισθηματική μας κατάσταση επηρεάζει τον πλούτο, την ευτυχία και την πνευματική μας ολοκλήρωση. Ξετυλίγουμε το κουβάρι της επίδρασης των πεποιθήσεών μας, του υποσυνείδητου τρόπου σκέψης και των προκαταλήψεων συμπεριφοράς στις οικονομικές μας αποφάσεις, προκαλώντας μας να υιοθετήσουμε μια νοοτροπία πλούτου, να λαμβάνουμε τεκμηριωμένες αποφάσεις και να δίνουμε προτεραιότητα στις μακροπρόθεσμες στρατηγικές έναντι των άμεσων κερδών.Τελικά, ο δρόμος προς την οικονομική ενδυνάμωση και ευημερία απαιτεί μια ολιστική προσέγγιση - μια προσέγγιση που περιλαμβάνει την ηθική διαχείριση του πλούτου, τον βιώσιμο πλούτο και μια αρμονική σχέση με το χρήμα και την επιτυχία. Είναι ένα ταξίδι που μας οδηγεί σε μια βαθύτερη κατανόηση των αξιών και του σκοπού μας και μας δίνει τη δυνατότητα να δημιουργήσουμε μια κληρονομιά που υπερβαίνει τον απλό υλικό πλούτο.Καθώς περπατάμε αυτό το μονοπάτι, ας θυμόμαστε ότι η πραγματική αφθονία δεν μετριέται μόνο με αριθμούς, αλλά με τον πλούτο του πνεύματός μας, το βάθος της συμπόνιας μας και την κληρονομιά ακεραιότητας που αφήνουμε πίσω μας.

Είθε να βαδίσουμε αυτό το μονοπάτι με χάρη, σοφία και ακλόνητη δέσμευση για τη δημιουργία ενός κόσμου στον οποίο η οικονομική ενδυνάμωση θα είναι συνώνυμη με την πνευματική ολοκλήρωση και την πραγματική ευημερία.

Γλωσσάριο

Illusory, Nature of Money: Η αντίληψη ότι το χρήμα είναι μια συμβολική αναπαράσταση της αξίας και όχι μια εγγενής πηγή αξίας ή ευτυχίας.

Ακαθάριστη Εθνική Ευτυχία (GNH): Ένα εναλλακτικό οικονομικό μοντέλο που δίνει προτεραιότητα στην ευημερία και την ευτυχία των πολιτών έναντι των παραδοσιακών μέτρων οικονομικής ανάπτυξης.

Αλτρουιστική Δημιουργία Πλούτου: Δημιουργία πλούτου με την πρόθεση να ωφελήσει την κοινωνία και να συμβάλει στο γενικότερο καλό.

Αλχημεία του χρήματος: Η μετασχηματιστική διαδικασία κατανόησης και αξιοποίησης του χρήματος ως μορφής ενέργειας και εργαλείου προσωπικής ανάπτυξης.

Αντίληψη του πλούτου: Ο τρόπος με τον οποίο τα άτομα και οι κοινωνίες βλέπουν και ερμηνεύουν την έννοια του πλούτου, επηρεάζοντας τις στάσεις και τις συμπεριφορές που σχετίζονται με το χρήμα.

Αξία, Δημιουργία: Η διαδικασία δημιουργίας αξίας μέσω προϊόντων, υπηρεσιών ή ιδεών που ικανοποιούν συγκεκριμένες ανάγκες ή επιθυμίες στην αγορά.

Αφθονία, νοοτροπία της: Μια προοπτική που βλέπει τους πόρους, τις ευκαιρίες και τον πλούτο ως άφθονους και προσβάσιμους.

Βιώσιμη, ευημερία: Μια μακροπρόθεσμη προσέγγιση για τη δημιουργία πλούτου που εξισορροπεί την οικονομική επιτυχία με την περιβαλλοντική διαχείριση και την κοινωνική ευθύνη.

Εκδήλωση: Η διαδικασία της υλοποίησης των επιθυμιών και των στόχων μέσω εστιασμένης πρόθεσης, πεποίθησης και δράσης.

Ευημερία, συνείδηση της: Μια κατάσταση του νου που είναι ανοιχτή και αναμένει την αφθονία και την επιτυχία σε όλους τους τομείς της ζωής.

Ευθυγράμμιση προσωπικών, αξιών: Η διασφάλιση ότι οι οικονομικοί στόχοι και πρακτικές ενός ατόμου βρίσκονται σε αρμονία με τις προσωπικές του αξίες και τον σκοπό της ζωής του.

Ηθική, Διαχείριση πλούτου: Διαχείριση των οικονομικών πόρων σε ευθυγράμμιση με τις ηθικές αρχές και την κοινωνική ευθύνη.

Θετικές, οικονομικές επιβεβαιώσεις: Δηλώσεις που χρησιμοποιούνται για τον επαναπρογραμματισμό υποσυνείδητων πεποιθήσεων σχετικά με τα χρήματα και τον πλούτο.

Κοινωνική Ευθύνη στον Πλούτο: Η ιδέα ότι τα άτομα και οι εταιρείες έχουν καθήκον να χρησιμοποιούν τον πλούτο τους με τρόπους που ωφελούν την κοινωνία.

Νόμος της έλξης: Η πεποίθηση ότι οι θετικές ή αρνητικές σκέψεις και στάσεις μπορούν να επηρεάσουν τις εμπειρίες ζωής και τα οικονομικά αποτελέσματα ενός ατόμου.

Νοοτροπία πλούτου: Ένα σύνολο πεποιθήσεων, στάσεων και συμπεριφορών που υποστηρίζουν τη δημιουργία και τη διατήρηση της οικονομικής αφθονίας.

Οικονομική Αλχημεία: Η διαδικασία μετασχηματισμού της σχέσης του ατόμου με το χρήμα μέσω πνευματικών και ψυχολογικών πρακτικών.

Οικονομική ενδυνάμωση: Η απόκτηση γνώσεων, δεξιοτήτων και αυτοπεποίθησης για τη λήψη τεκμηριωμένων οικονομικών αποφάσεων.

Οικονομική ευημερία: Η κατάσταση της γενικής ευημερίας που σχετίζεται με την οικονομική κατάσταση ενός ατόμου, η οποία περιλαμβάνει τόσο την υλική ευημερία όσο και την ψυχική/συναισθηματική υγεία.

Οικονομική, Ανθεκτικότητα: Η ικανότητα να αντέχει κανείς και να ανακάμπτει από οικονομικές αναποδιές και να προσαρμόζεται στις μεταβαλλόμενες οικονομικές συνθήκες.

Ολιστική, Ευημερία: Μια ολοκληρωμένη προσέγγιση του πλούτου που συνδυάζει την οικονομική επιτυχία με την πνευματική ανάπτυξη και τη συνολική ικανοποίηση από τη ζωή.

Παγκόσμια, Οικονομία: Το διασυνδεδεμένο σύστημα οικονομικών δραστηριοτήτων και οικονομικών ανταλλαγών μεταξύ διαφορετικών χωρών και πολιτισμών.

Πνευματικά, Οικονομικά: Η ενσωμάτωση των πνευματικών αρχών και πρακτικών στη λήψη οικονομικών αποφάσεων και στις στρατηγικές δημιουργίας πλούτου.

Σπάνιο, νοοτροπία της: Μια προοπτική που βλέπει τους πόρους, συμπεριλαμβανομένων των χρημάτων, ως περιορισμένους και δύσκολα αποκτήσιμους.

Συλλογικότητες, Αξίες: Κοινές πεποιθήσεις, στάσεις και προτεραιότητες μέσα σε μια κοινωνία που επηρεάζουν τα οικονομικά συστήματα και την ατομική οικονομική συμπεριφορά.

Συμβολικός χορός του χρήματος: Η πολύπλοκη αλληλεπίδραση μεταξύ του χρήματος, των προσωπικών αξιών, των κοινωνικών κανόνων και της ατομικής συμπεριφοράς.

Συναισθηματικό, Νόμισμα: Οι συναισθηματικοί συνειρμοί και οι αντιδράσεις που έχουν τα άτομα απέναντι στο χρήμα.

Συνείδηση του πλούτου: Μια κατάσταση του νου ευθυγραμμισμένη με την αφθονία, την ευημερία και τις απεριόριστες δυνατότητες για τη δημιουργία πλούτου.

Συνείδηση: Η κατάσταση αντίληψης και συνειδητοποίησης που διαμορφώνει την αντίληψη ενός ατόμου για τον πλούτο, την επιτυχία και την προσωπική ολοκλήρωση.

Το χρήμα ως ενέργεια: Η προοπτική που βλέπει το χρήμα ως μια μορφή ενέργειας που ρέει και κυκλοφορεί για να δημιουργεί ευκαιρίες και να διευκολύνει την ανάπτυξη.

Υποσυνείδητες πεποιθήσεις: Βαθιά ριζωμένες στάσεις και αντιλήψεις σχετικά με τα χρήματα και τον πλούτο που λειτουργούν κάτω από το επίπεδο της συνείδησης.

Ψηφιακή, οικονομία της εποχής: Το οικονομικό τοπίο που διαμορφώνεται από τις τεχνολογικές εξελίξεις, συμπεριλαμβανομένων των ψηφιακών νομισμάτων και των διαδικτυακών αγορών.

Αίτημα αναθεώρησης βιβλίου

Αγαπητέ αναγνώστη,

Σας ευχαριστούμε που αγοράσατε αυτό το βιβλίο! Θα ήθελα πολύ να ακούσω νέα σας. Η συγγραφή μιας βιβλιοκριτικής μας βοηθά να κατανοήσουμε τους αναγνώστες μας και επηρεάζει επίσης τις αποφάσεις αγοράς άλλων αναγνωστών. Η γνώμη σας είναι σημαντική. Παρακαλώ γράψτε μια κριτική βιβλίου! Η καλοσύνη σας εκτιμάται πολύ!

Σχετικά με τον συγγραφέα

Ο Dan Desmarques είναι ένας διάσημος συγγραφέας με αξιοσημείωτη πορεία στον κόσμο της λογοτεχνίας. Με ένα εντυπωσιακό χαρτοφυλάκιο 28 μπεστ σέλερ στο Amazon, συμπεριλαμβανομένων οκτώ #1 μπεστ σέλερ, ο Dan είναι μια αξιοσέβαστη προσωπικότητα στον κλάδο. Αξιοποιώντας το υπόβαθρό του ως καθηγητής πανεπιστημίου ακαδημαϊκής και δημιουργικής γραφής, καθώς και την εμπειρία του ως έμπειρος σύμβουλος επιχειρήσεων, ο Dan προσφέρει έναν μοναδικό συνδυασμό τεχνογνωσίας στο έργο του. Οι βαθιές ιδέες του και το μεταμορφωτικό του περιεχόμενο απευθύνονται σε ένα ευρύ κοινό, καλύπτοντας θέματα τόσο διαφορετικά όσο η προσωπική ανάπτυξη, η επιτυχία, η πνευματικότητα και το βαθύτερο νόημα της ζωής. Μέσα από τα γραπτά του, ο Dan ενδυναμώνει τους αναγνώστες να απελευθερωθούν από τους περιορισμούς, να απελευθερώσουν το εσωτερικό τους δυναμικό και να ξεκινήσουν ένα ταξίδι αυτογνωσίας και μεταμόρφωσης. Σε μια ανταγωνιστική αγορά αυτοβοήθειας, το εξαιρετικό ταλέντο και οι εμπνευσμένες ιστορίες του Dan τον κάνουν να ξεχωρίζει ως συγγραφέα, παρακινώντας τους αναγνώστες να ασχοληθούν με τα βιβλία του και να ξεκινήσουν ένα μονοπάτι προσωπικής ανάπτυξης και διαφώτισης.

Επίσης γραμμένο από τον συγγραφέα

1. 66 Days to Change Your Life: 12 Steps to Effortlessly Remove Mental Blocks, Reprogram Your Brain and Become a Money Magnet

2. A New Way of Being: How to Rewire Your Brain and Take Control of Your Life

3. Abnormal: How to Train Yourself to Think Differently and Permanently Overcome Evil Thoughts

4. Alignment: The Process of Transmutation Within the Mechanics of Life

5. Audacity: How to Make Fast and Efficient Decisions in Any Situation

6. Christ Cult Codex: The Untold Secrets of the Abrahamic Religions and the Cult of Jesus

7. Codex Illuminatus: Quotes & Sayings of Dan

Desmarques

8. Collective Consciousness: How to Transcend Mass Consciousness and Become One With the Universe
9. Creativity: Everything You Always Wanted to Know About How to Use Your Imagination to Create Original Art That People Admire
10. Deception: When Everything You Know about God is Wrong
11. Demigod: What Happens When You Transcend The Human Nature?
12. Discernment: How Do Your Emotions Affect Moral Decision-Making?
13. Eclipsing Mediocrity: How to Unveil Hidden Realities and Master Life's Challenges
14. Fearless: Powerful Ways to Get Abundance Flowing into Your Life
15. Feel, Think and Grow Rich: 4 Elements to Attract Success in Life
16. Find Your Flow: How to Get Wisdom and Knowledge from God
17. Holistic Psychology: 77 Secrets about the Mind That They Don't Want You to Know

18. How to Change the World: The Path of Global Ascension Through Consciousness

19. How to Get Lucky: How to Change Your Mind and Get Anything in Life

20. How to Improve Your Self-Esteem: 34 Essential Life Lessons Everyone Should Learn to Find Genuine Happiness

21. How to Study and Understand Anything: Discovering The Secrets of the Greatest Geniuses in History

22. Legacy: How to Build a Life Worth Remembering

23. Religious Leadership: The 8 Rules Behind Successful Congregations

24. Reset: How to Observe Life Through the Hidden Dimensions of Reality and Change Your Destiny

25. Resilience: The Art of Confronting Reality Against the dds

26. Singularity: What to Do When You Lose Hope in Everything

27. Spiritual Warfare: What You Need to Know About Overcoming Adversity

28. Starseed: Secret Teachings about Heaven and the Future of Humanity

29. Technocracy: The New World Order of the Illuminati and The Battle Between Good and Evil

30. The 10 Laws of Transmutation: The Multidimensional Power of Your Subconscious Mind

31. The 14 Karmic Laws of Love: How to Develop a Healthy and Conscious Relationship With Your Soulmate

32. The 33 Laws of Persistence: How to Overcome Obstacles and Upgrade Your Mindset for Success

33. The 36 Laws of Happiness: How to Solve Urgent Problems and Create a Better Future

34. The Alchemy of Truth: Embracing Change and Transcending Time

35. The Antagonists: What Makes a Successful Person Different?

36. The Antichrist: The Grand Plan of Total Global Enslavement

37. The Awakening: How to Turn Darkness Into Light and Ascend to Higher Dimensions of Existence

38. The Egyptian Mysteries: Essential Hermetic Teachings for a Complete Spiritual Reformation

39. The Evil Within: The Spiritual Battle in Your Mind Deception: When Everything You Know about God is W

rong

40. The Game of Life and How to Play It: How to Get Anything You Want in Life

41. The Hidden Language of God: How to Find a Balance Between Freedom and Responsibility

42. The Most Powerful Quotes: 400 Motivational Quotes and Sayings

43. The Secret Beliefs of The Illuminati: The Complete Truth About Manifesting Money Using The Law of Attraction That is Being Hidden From You

44. The Secret Empire: The Hidden Truth Behind the Power Elite and the Knights of the New World Order

45. The Secret Science of the Soul: How to Transcend Common Sense and Get What You Really Want From Life

46. The Spiritual Laws of Money: The 31 Best-kept Secrets to Life-long Abundance

47. The Spiritual Mechanics of Love: Secrets They Don't Want You to Know about Understanding and Processing Emotions

48. Unacknowledged: How Negative Emotions Affect Your Mental Health?

49. Unapologetic: Taking Control of Your Mind for a Happier and Healthier Life

50. Uncommon: Transcending the Lies of the Mental Health Industry

51. Unlocked: How to Get Answers from Your Subconscious Mind and Control Your Life

52. Your Full Potential: How to Overcome Fear and Solve Any Problem

53. Your Soul Purpose: Reincarnation and the Spectrum of Consciousness in Human Evolution

Σχετικά με τον εκδότη

Το βιβλίο αυτό εκδόθηκε από την 22 Lions Publishing.

www.22Lions.com

www.ingramcontent.com/pod-product-compliance
Lightning Source LLC
LaVergne TN
LVHW051103051026
849532LV00004BB/1420